JAN L. WAGE

Die Macht
der
Körpersprache

Erkennen,

verstehen,

einsetzen

REDLINE WIRTSCHAFT

bei ueberreuter

Die Deutsche Bibliothek – CIP-Einheitsaufnahme

Wage, Jan L.
Die Macht der Körpersprache : Erkennen, verstehen, einsetzen /
Jan L. Wage. --
Frankfurt/Wien: Redline Wirtschaft bei Ueberreuter
ISBN 3-8323-0803-2

Unsere Web-Adressen:

http://www.redline-wirtschaft.de
http://www.redline-wirtschaft.at

1   2   3   /   2004   2003   2002

Umschlag: INIT, Büro für Gestaltung, Bielefeld
unter Verwendung eines Bildes der Bildagentur Mauritius, Mittenwald
Copyright © 2002 by Wirtschaftsverlag Carl Ueberreuter, Frankfurt/Wien
Druck: FINIDR, s.r.o.
Printed in the Czech Republic

Für Sigrid, die liebste Frau meiner Welt

INHALTSVERZEICHNIS

INHALT

TIERISCHE EINLEITUNG IN DIE KOMMUNIKATIONS-ARENA

1.1 Lautsprache und Schriftsprache in der Kommunikation

Der Mensch steht und bewegt sich ständig in einer Kommunikations-Arena. Sogar der legendäre Robinson Crusoe hielt es auf seiner paradiesischen Insel ohne seinen Diener Freitag nicht lange aus.

Jeder der in Kontakt mit einem Mitmenschen ist, kommuniziert mit ihm. Sogar der Mann, der im Zugabteil aus dem Fenster guckt und nicht auf Kommunikationsversuche eines Mitreisenden reagiert, kommuniziert seine Ablehnung durch sein Schweigen. Wenn sein Mund nicht spricht, ‚spricht' seine Körperhaltung.

Seit dem Entstehen der Menschheit haben wir unsere Kommunikationsfertigkeit, vor allem in technischer Hinsicht, ständig erweitert. Die erste menschliche Lautsprache war ein Urschrei, der durch das Neandertal hallte.[1] Der unterschied sich wahrscheinlich nur wenig von dem unserer zoologischen Neffen, den Primaten.

Weil es in dieser Zeit keine Tonbandgeräte gab, wissen wir nicht, ob dieses Grunzen und Geschrei sich zu einem Lied oder zu einem vernünftigen Gespräch entwickelte.

Wir wissen wohl, dass Gnom Ugh, unser Urvater, schon in Höhlenzeichnungen eine Schriftsprache entwickelte: Eine Kommunikationsform, die räumliche Entfernungen und sogar Zeitgenerationen überbrückte.

Logogramme finden wir bis heute in China. Ein Zeichen stellt ein ganzes Wort da. Die Hieroglyphen der Ägypter haben sich zu Buchstaben entwickelt, durch die sich unsere Lautsprache auf einfachere Weise als Schriftsprache gestalten ließ.

In unserem globalisierten Jahrhundert kehren wir wieder von unseren buchstäblich gestalteten Worten zu ‚Piktogrammen' zurück. Diese ermöglichen uns, auf einen Blick zu verstehen, was in Worten nur zeitaufwendig zu verkraften wäre. Auch Ausländer, die unsere Schriftsprache nicht beherrschen, können unsere Verkehrsvorschriften ‚lesen'. Als Mann oder Frau brauchen sie keine anderen Toilettenbesucher und -besucherinnen in Verwirrung zu bringen.

Das zwischenmenschliche Kommunizieren in der Schriftsprache ist auch in anderer Hinsicht breitgefächert.

Ein *Flaggenalphabet* wurde in der Seeschifffahrt entwickelt, das auch aus weiter Ferne gelesen werden konnte.
Das *Morse-Alphabet* gehörte zu den ersten Errungenschaften der Telekommunikation und ersetzte teilweise das Flaggenalphabet. Man konnte es ‚lesen' und ‚hören'.
Für Taubstumme wurde ein *Finger-Alphabet* entwickelt, in dem man Handpositionen und -bewegungen ‚lesen' kann.
Im französischen Fernsehen kann die Tagesschau in einer Ecke des Bildschirms auch von taubstummen Familienangehörigen miterlebt werden.
Viele Blinde beherrschen ihr *Braille-Alphabet,* das durch Abtasten mit den Fingerspitzen gelesen wird.

Lautsprache und Schriftsprache wurden im Laufe der Jahrtausende technisch immer brauchbarer perfektioniert, um unseren Mitmenschen Wahrheiten – aber auch Unwahrheiten – zu vermitteln.
Frage: Hat sich unsere Körpersprache im Laufe der Jahrhunderte ebenso entwickelt?

TIERISCHE EINLEITUNG IN DIE KOMMUNIKATIONS-ARENA

1.2   Zuerst unser Ausflug ins Tierreich

Was wir jetzt als Körpersprache andeuten, bestand schon, bevor sich der Mensch als Säuger im Laufe der tierischen Evolution zum sprechenden und schreibenden Menschen entwickelte. Tiere äußern sich überwiegend in ihrer Körpersprache, obwohl manche auch über ein Sprechvermögen verfügen. Ein Beispiel bietet der Hund, jahrhundertelang des Menschen bester Freund und Geselle. Er bellt und winselt nicht nur. Er spricht mit seinem Gebiss, seinem Rücken und am auffälligsten mit seinem Schwanz. Hier finden Sie ein kleines ‚Sprachlexikon' des Hundeschwanzes.

Im Fall dieses Hundeschwanzes beziehen sich körpersprachliche Äußerungen meistens auf Gefühle und weniger auf sachliche Informationen. Aber nicht hundertprozentig! Mit Sicherheit hat er eine körpersprachliche Methode, um uns zu sagen, dass er gerne essen möchte.

Ein Katzensprung zu unseren anderen beliebten Haustieren bestätigt dies. Meine Siamkatze klopft mich gelegentlich – wenn ich mich in der Küche befinde – auf meinen hinteren Oberschenkel, um körpersprachlich zu vermitteln, dass sie etwas Leckeres von mir erwartet.
Weiter hat die Katze als Stimmungsbarometer ihre Ohren.
Wenn sie beide Ohren auf ein Gegenüber richtet, zeigt sie damit positive Aufmerksamkeit: Sie erwartet etwas Schönes. Wenn die Ohrmuskulatur sich hin- und herbewegt, verrät sie damit Unsicherheit und Unbehaglichkeit. Seitlich weggedrehte Ohren zeigen Missmut und Misstrauen an. Zurückgeworfene Ohren, oder fest an den Schädel gepresste, sind Signale für Angst und Schmerz.
Beides kann zu einer heftigen Attacke führen.

Vögel haben eine sehr klar definierbare Lautsprache. Ornithologen speichern auf Tonbändern die Vogelstimmen, um deren Sinn und Informationsgehalt zu deuten. Gelegentlich sprechen Vögel auch

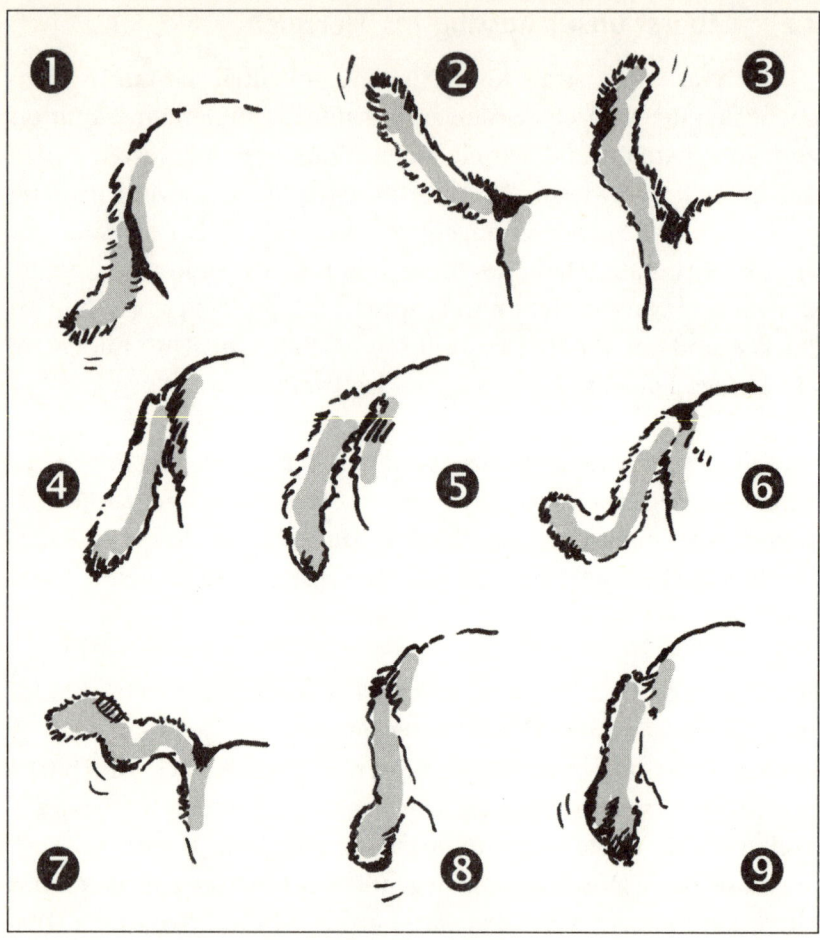

Abb. 1: Der Hund spricht mit seinem Schwanz

Nr. 1: Herunterhängend und wedelnd: „Ich freue mich, Dich begrüßen zu können!"

Nr. 2: Schräg emporragend: „Ich bin einfach glücklich!"

Nr. 3: Vertikal emporragend: „Bin ich nicht ein stolzer Kerl?"

Nr. 4: Herunterhängend in Ruhelage: „Ich fühle mich entspannt!"

Nr. 5: Herunterhängend mit Knick: „Nicht stören bitte!"

Nr. 6: Herunterhängend mit Aufwärtsknick: „Vorsicht! Gefahr!!!"

Nr. 7: Nach hinten herausragend mit Wellenbewegung: „Gefahr? Angst habe ich nicht!"

Nr. 8: Herunterhängend, eng am Körper gedrückt: „Ich fühle mich nicht wohl ...!"

Nr. 9: Herunterhängend, vollkommen schlaff: „Hab' doch Mitleid mit mir ...!"

TIERISCHE EINLEITUNG IN DIE KOMMUNIKATIONS-ARENA

mit uns: Falls wir uns nämlich mit Wellensittichen oder einem Beo unterhalten.

Dass diese Tiere ,Unsinn' reden, behaupten vielleicht borniere Wissenschaftler. Ihre Besitzer wissen es besser! Eine Bekannte von mir hatte einen Beo, der den Hund kommandierte: „Sitz, Bello, sitz!" Wenn der Hund sich dann gehorsam setzte, lachte der Beo schallend.

Brieftauben können menschliche Texte zustellen, sie können sie nicht schreiben, sondern ,piktographisch' lesen. Die Hirnmasse einer Posttaube ist nur 2 cm² groß, 700 Mal kleiner als das menschliche Gehirn. Trotzdem kann die Taube etwa 70 für sie relevante Piktogramme lesen und sich daran, auch ohne Zwischenübungen, nach zwei Wochen noch erinnern.[2]

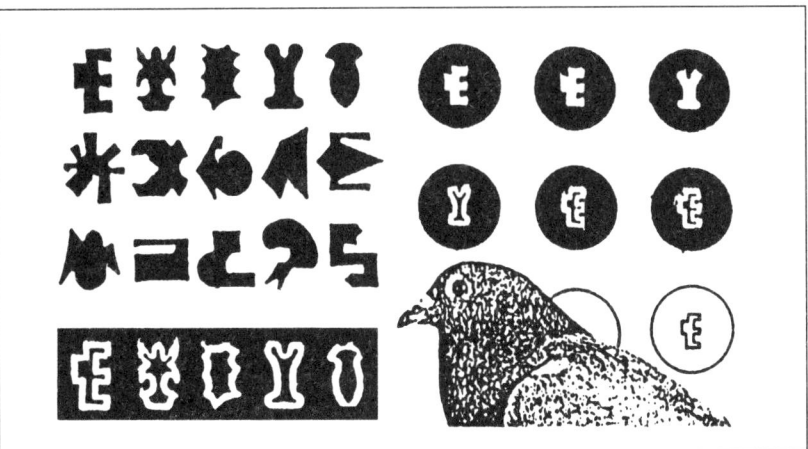

Abb. 2: Tauben können Piktogramme lesen!

Obwohl Vögel über ein breit gefächertes Lautsprache-Repertoire verfügen, imponiert der Pfau seinem Weibchen vorzugsweise körpersprachlich, indem er ein farbenprächtiges Gefieder zu einem schillernden Rad hebt. Die Balz der Vögel -eine Kombination von Lautsprache und Körpersprache- kennen wir in vielen Variationen.

DIE MACHT DER KÖRPERSPRACHE

Aber vergessen wir die Fische, die armen sprachlosen Lebewesen nicht: Der Stichling errötet bäuchlings, wenn er seiner Verlobten signalisiert, dass er sich fortpflanzen möchte. Auch er benutzt dazu die einzige zur Verfügung stehende Sprache: seinen Körper.
Ob das Erröten im menschlichen Bereich von den Fischen abstammt? Es ist unwahrscheinlich, aber nicht unmöglich. Obwohl es bei uns in einem ganz anderen Zusammenhang auftritt.

Die Körpersprache der Tiere dient aber meistens dazu, Freude und Zorn, Mut oder Angst, Zuneigung und Widerwille zum Ausdruck zu bringen. Meistens vermitteln Tiere uns keine logischen, rationellen oder ‚intellektuellen' Mitteilungen, sondern sie bringen Emotionen zum Ausdruck.

Weil der Mensch – auf emotionaler Ebene – mit den Säugern verwandt ist, teilen wir die Arena der Körpersprache mit diesen ‚Lebensgefährten'. Wir werden in den nächsten Kapiteln aber sehen, dass es körpersprachlich große Unterschiede gibt.
Deshalb, nach dieser kurzen Einführung in die Sprachbereiche von Menschen und Tieren, die Körpersprache!
Jetzt zu den Menschen, zu unseren Artgenossen!

2. KÖRPERSPRACHE: NATUR ODER KULTUR?

2.1 Körpersprache als Kommunikationsmittel

Oft zitiert man das Forschungsergebnis des amerikanischen Forschers *Albert Mehrabian*, der sagt, dass unsere Sympathie und Antipathie gegenüber Mitmenschen wie folgt erweckt werden:

- 7% durch das *textuelle* Verhalten,
  d. h. durch den sachlichen Inhalt ihrer Worte;

- 38% durch das *vokale* Verhalten,
  d. h. durch Sprachmelodie und Sprachrhythmus;

- 55% durch die *Mimik (faziales* Verhalten*)*,
  d. h. durch den Gesichtsausdruck.

Gelegentlich wird aus dieser Feststellung der Fehlschluss gezogen, dass die Körpersprache im menschlichen Umgang wichtiger als die inhaltliche Mundsprache sei. Taubstumme Menschen, die ihre Äußerungen nur durch Mimik und Gestik vermitteln können, behelfen sich durch eine Gebärdensprache. Diese ersetzt die totale Palette der Kommunikation nicht. Am Anfang dieses Kapitels sollte ich deswegen die ‚Hierarchie‘ der Kommunikationssprachen klar definieren.

Am wichtigsten ist und bleibt meistens der sachlich richtige Text unserer Mitteilung, den wir kennen und ständig verbessern sollten. Den zweiten Stellenwert hat unsere Vortragsweise, unser vokales Verhalten. An dritter Stelle kommt die Körpersprache, die im zwischenmenschlichen Verkehr selten eine autonome Funktion hat, aber immer eine wichtige Unterstützung der sachlichen Argumentation und Verhandlung ist. Die ‚Mehrabianischen‘ Forschungsergebnisse beziehen sich nur auf die erweckte Sympathie.

Diese ist wichtig, für sachliche Entscheidungen jedoch nicht alles überragend. Wenn ein sachlicher Vorschlag uns zu gleicher Zeit zuverlässig und vorteilhaft erscheint, brauchen wir für unsere Kontakte nicht immer den am sympathischsten wirkenden unserer Mitmenschen zu wählen.

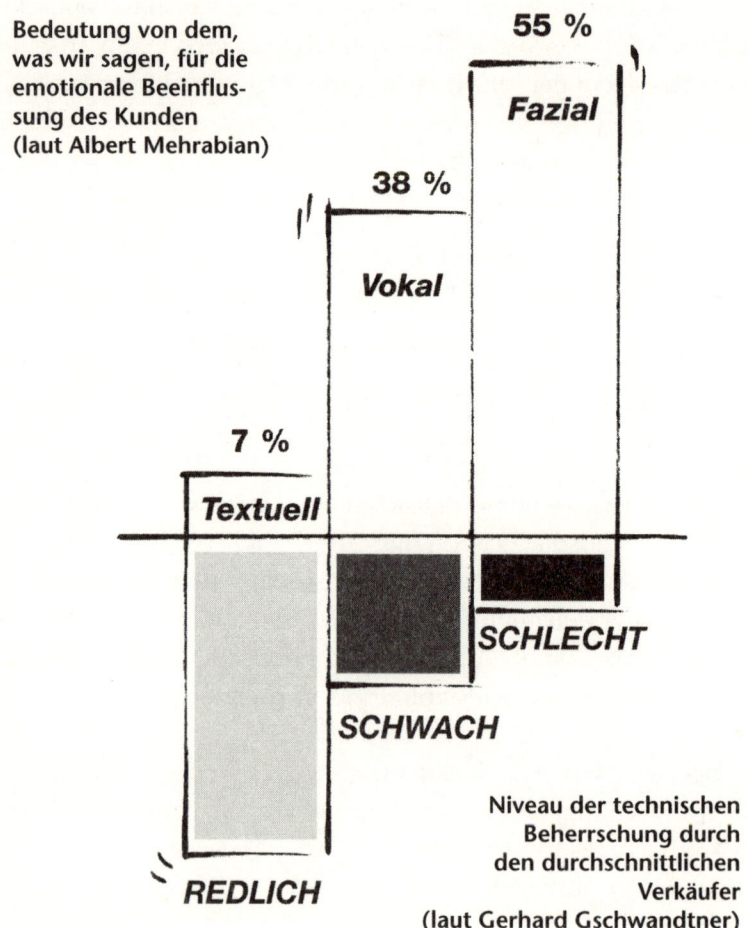

Abb. 3: Textinhalt, Sprachmelodie, Körperexpression

Ein Zahnarzt muss vor allem kompetent sein. Vielleicht gibt es Patientengruppen – z. B. Kinder – die sich besser behandeln lassen, wenn Onkel Doktor recht sympathisch ist. Ansonsten ist Sympathie kein Ersatz für Fachkompetenz.
Aber: Beim gleichen Kompetenzniveau bevorzugen auch erwachsene Patienten ein freundliches Lächeln und eine melodische Stimme.

Heutzutage sind im Bereich, in dem die rein sachlichen Entscheidungen eher die Regel als die Ausnahme sind, die Angebote verschiedener Mitbewerber qualitativ und preislich immer ähnlicher. Faktoren wie Sympathie und Antipathie können in manchen Fällen dann als ‚Zünglein an der Waage' die Entscheidungen beeinflussen. Mein amerikanischer Freund und Kollege *Gerhard Gschwandtner* hat im Verkaufsbereich die Diskrepanz zwischen der Bedeutung der unterschiedlichen ‚Kommunikationsträger' und der Fähigkeit, sie zu beherrschen, festgelegt. Er bezieht sich auf eine Gruppe, deren fachliche Kompetenz sich mit Überzeugungskraft im Kommunikationsbereich verbindet. Sehen Sie dazu Abbildung 3.

Verkäufer beherrschen ihren ‚textuellen' Vortrag normalerweise am besten. Im Bereich der ‚vokalen' Gestaltung benehmen sie sich schon wesentlich schwächer. Bei der Äußerung von Mimik und Gestik ist ihr Verhalten meistens amateurhaft.

2.2 Ererbte und erlernte Gebärdensprache

In der menschlichen Körpersprache bestehen einige unterschiedliche ‚Programmierungen':

– Einige ‚Repertoires' sind offensichtlich *zoologisch* bedingt. Sie existieren in allen oder fast allen Kulturen. Durch kulturelle Anerziehung können sie verstärkt oder abgeschwächt werden. Einige Symptome kann man nur sehr schwierig unterdrücken oder beseitigen: das Erröten bei Verlegenheit und Scham, das Erblassen vor Schreck.

Freude und Trauer, Genuss und Ekel, Übermut und Angst, Gelassenheit und Zorn, Freimütigkeit und Schamgefühl äußern sich in allen Kulturen fast auf die gleiche Weise. In diesen Repertoires ist unser ‚zoologischer Unterbau‘ am klarsten spürbar.

In einer Angstreaktion zieht man den Kopf meistens in einer drehenden Bewegung zurück, so dass die Halsschlagader geschützt ist. Eine furchtlose, herausfordernde Haltung wird durch ein Bloßlegen dieser Ader gekennzeichnet.

– Andere Repertoires werden imitativ, nach kulturbedingten Bräuchen entwickelt. Sie sind also *konventionell* bedingt. Früher brachten Lehrer ihren Schülern schon im jugendlichen Alter bei, dass sie Hand und Arm heben sollten, wenn sie etwas zu sagen hatten. Zwei gespreizte Finger bedeuteten in meiner Schule: „Ich muss mal austreten!"

Ein kleiner Schritt ist es nur zur *intentionell* bedingten Körpersprache. Bewusst ersetzen wir die hörbare Lautsprache durch sichtbare Körpersignale. Wir gestalten ‚lebendige Piktogramme‘ wie z. B.:

Abb. 4: „Ruhe bitte!"

Abb. 5: „Bist wohl bekloppt!"

Abb. 6: „Victory!"

- „Ruhe!" verlangt die Mutter von ihren Besuchern, nachdem sie ihre Kinder ins Bett gebracht hat. Sie platziert ihren Zeigefinger wie einen Riegel vor die vorgestülpten Lippen.

- „Bekloppt bist Du!" sagt man, indem man jemandem den Vogel zeigt.

- „Victory!" Hier sind die gespreizten Finger keine Bitte, austreten zu dürfen, sondern sie wurden vom britischen Kriegspremierminister Winston Churchill geprägt: Die gehobene Hand mit gespreizten Zeige- und Mittelfinger: „V for Victory!"
Dieses Beispiel zeigt uns, dass Körpersignale auch durch

individuelle Personen ‚erfunden' und bewusst eingesetzt werden.

In Griechenland brachte Winston Churchill die Armeeleitung während eines Besuches in Verlegenheit, weil dieses Zeichen in Griechenland eine Obszönität vermittelt.

- Die Faust, mit dem Daumen zwischen Mittel- und Ringfinger geklemmt, ist die westeuropäische Variante dieser obszönen Einladung, gelegentlich auch wohl ersetzt durch eine Faust, aus der ein Mittelfinger hervorragt.

- Reibt man mit dem Daumen schnell und wiederholt über drei Finger derselben Hand, dann bedeutet dies: „Geld! Knete! Moneten! Zaster!" Die Holländer sprechen wahrscheinlich auch deswegen von ‚Daumenkraut'.

- In der römischen Gladiatoren-Arena gab es zwei Publikums-Zeichen: Daumen hoch = „Töten! Umbringen!" Daumen in der Faust versteckt = „Überleben lassen!" (Wahrscheinlich hat man es Ihnen anders erzählt, dies ist jedoch die historische Wahrheit!)

- Wer als Ausländer in einem exotischen Land, dessen Sprache er nicht beherrscht, ein Speiselokal betritt, kann trotzdem sagen, dass er etwas essen möchte. Ein wiederholtes Zeigen auf den geöffneten Mund bringt seinen Appetit klar zum Ausdruck. Wer schlafen möchte, kann seinen Kopf in einem Winkel von ca. 45° auf zwei flach zusammen gelegte Hände legen.

- Der Brauerei-Vertreter alten Stils spendete eine Runde, indem er im Lokal mit seinem Zeigefinger eine Kreiselbewegung machte und dabei den Wirt kopfnickend anschaute.

KÖRPERSPRACHE: NATUR ODER KULTUR?

– Die Zunge weit herausstecken, wie Einstein es vor dem Fotografen tat, eine lange Nase drehen und das Aneinanderstreifen der Zeigefinger sind international gängige Spottgebärden, die wir wohl kaum auf einen universellen zoologischen Unterbau zurückführen können.

– 1939 verurteilte ein Kriegsgericht einen Soldaten zu einer Woche Knast, „wegen des Lassens eines Darmwindes unter dem gleichzeitigen Heben der rechten Gesäßbacke als Antwort auf einen amtsdienstlichen Befehl". Auch das war eine ‚intentionelle' körpersprachliche Äußerung, die der betreffende Soldat bestimmt nicht selbst erfunden hat.

– Die Gebärdensprache der Verkehrspolizisten ist von Berlin bis Bangkok auch ohne Sprachstudien verständlich. Mehr Studien muss aber der Flugzeugpilot absolvieren, um die Notlandungs- und Landungssprache des Bodenpersonals zu deuten, wie in den Abbildungen 7 und 8 gezeigt.

Abb. 7:
„Hier landen bitte!"

Abb. 8: „Triebwerke ausschalten!"

2.3 Kulturelle Unterschiede in erlernten Gebärdensprachen

Wir sehen also, dass es in der konventionellen Körpersprache sehr große Unterschiede zwischen Völkern oder Kulturbereichen geben kann. Im internationalen Geschäftsverkehr können sich daraus peinliche Missverständnisse ergeben. Einige Beispiele:

- In unserer westlichen Welt schauen die aufmerksamen Zuhörer im Hörsaal auf den Sprecher. In Japan schließen die Zuhörer, gelegentlich zum Entsetzen eines nicht gut informierten westlichen Redners, die Augen.

- Das Kopfnicken wird bei uns als ‚bestätigendes' bzw. ‚zustimmendes' Signal verstanden, während das Kopfschütteln ‚verneinend' oder ‚ablehnend' ist. In mehreren asiatischen Kulturen ist dies jedoch genau umgekehrt.

- Wenn Ihr japanischer Gesprächspartner kopfnickend zuhört, sollte dies nicht als ‚Einverständnis‘ gedeutet werden. Er sagt damit nur, dass er Sie inhaltlich versteht. Ein unhöfliches „Nein!" äußert er nicht verbal. Er fängt an, durch die Nase zu schnauben und wiegt seinen Rumpf nach vorne und wieder zurück. In Japan schaut man den Geschäftspartner meistens auch nicht in die Augen, sondern man konzentriert sich auf dessen Krawatte.

- In den USA steigt ein Herr *hinter* der Dame die Treppe hinauf. Er sollte sie auffangen können, wenn sie stürzt. In Frankreich geht der Herr als erster. Eine echte Dame fühlt sich nicht ganz sicher, wenn ein Herr hinter ihr die Treppe hinaufsteigt. Er ist ein potentieller Spanner! Andere Länder, andere Sitten also!

- In einem europäischen Seminar oder in einer Diskussionsgruppe wird ein Teilnehmer, der ‚teilnahmslos‘ und ‚verträumt‘ vor sich hin glotzt, empört oder spöttisch zur Ordnung gerufen. In der arabischen Welt respektiert man seine Meditation.

- Ein vertrauliches Augenzwinkern ist in unserer westlichen Kultur im Bekanntenkreis meistens ohne weiteres erlaubt. In der arabischen Welt sollte man es einer Frau oder einem Mädchen gegenüber nie tun, es sei denn, man habe unehrbare Absichten und keine Angst vor ihrem Vater, Bruder oder Verlobten.

- In Europa schaut man einer Respektsperson ins Gesicht, wenn man ihre Frage beantwortet. In Indonesien darf man einer Respektsperson nie ins Gesicht sehen. Was bei uns ein Zeichen der Unzuverlässigkeit ist, ist dort ein Zeichen der Höflichkeit und der Ehrfurcht.

- In den damals fromm-katholischen Ländern Südwesteuropas starrten Frauen und Mädchen während des Spazierganges auf eine Stelle, die sich etwa 2 Meter vor ihnen bewegte. Sie vermieden den direkten Augenkontakt mit einem unbekannten Mann. Dessen Blick wäre zu „penetrant". Dieser Ausdruck bezog sich auf die archetypische männliche Rolle im Verhältnis der Geschlechter. In Skandinavien und in England hingegen schaute die Frau einem Mann unbefangen in die Augen. Die Sekretärin einer meiner englischen Freunde hat dadurch als Touristin in Spanien Missverständnisse hervorgerufen.

Aus diesem Vergangenheitsbeispiel lernen wir, dass die Körpersprache sich ständig ändern kann und dass eine Art Internationalisierung oder sogar Globalisierung der Gepflogenheiten wahrscheinlich ist. Abbildung 9 zeigt uns aber das Beispiel einer unterschiedlichen Bedeutung ein und derselben Geste:

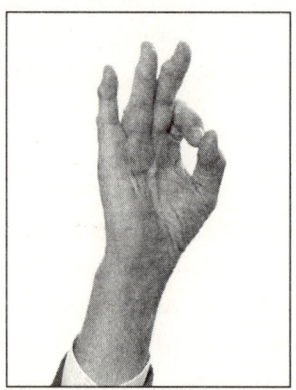

Abb. 9: Ein und dasselbe Handsignal?

- In den USA: „Okay!", „Alles in Ordnung!". Wir ballen dazu heutzutage meistens die Faust mit erhobenem Daumen.

- In Japan: „Geld". Wir reiben den Daumen über Mittel- und Zeigefinger, wie schon erwähnt.

KÖRPERSPRACHE: NATUR ODER KULTUR?

- In Südamerika: „Culo!", ein vulgäres Schimpfwort, mit unserem: „Du *rschl*ch!" verwandt.

- In Mittelamerika wohl auch: „Du Schnatterliese!"

- In Osteuropa: Obszöne Einladung zum Geschlechtsverkehr.

Die Körpersprache ist also keineswegs rein *natürlich* - sprich *zoologisch* - determiniert. In unserer Kommunikation mit anderen Völkern oder Kulturgruppen könnte unsere Körpersprache uns zu unakzeptablen Gesprächspartnern machen.
Wie in der Mund- und Schriftsprache sind Natur und Kultur auch in der Körpersprache eng verschlungen.

2.4 Rituale und zeremonielle Handlungen

Die konventionelle Körpersprache äußert sich oft in ‚Ritualen' oder ‚zeremoniellen Handlungen', zum Beispiel während einer Begrüßung oder Verabschiedung, oder aber beim Besiegeln einer Vereinbarung oder eines Vertrages.

- In Europa reicht die Dame bei der Begrüßung dem Herrn die Hand, in den USA nicht. Da bleibt sie ruhig sitzen und fragt: „How do you do?", ohne damit eine wirkliche Frage zu meinen, die man beantworten sollte.

- Das Essen enthält viele rituelle Elemente. Wir lernen als europäische Kinder mühsam, mit Messer und Gabel zu essen. In den USA sollten wir uns dies lieber abgewöhnen, um für voll genommen zu werden.

- In Frankreich schütteln die Kollegen am Arbeitsplatz sich mindestens zweimal pro Tag die Hand. In Schweden schüttelt man sich die Hand vorzugsweise nicht, man betrachtet es als unhygienischen Unfug. Ich kenne sogar Schweden, die sich nach jedem Händedruck sofort die Hände waschen.

Der ‚kontinentale' Arzt wäscht sich nach einer Behandlung die Hände. Der schwedische und der finnische Arzt müssen es in Anwesenheit jedes neuen Patienten vor der Behandlung tun.

– In der burgundischen (z. B. belgischen) Kultur bietet der Herr einer Dame den flüchtigen Dreierkuss auf die Wangen an. Die traditionelle Zeremonie schreibt dabei folgendes vor: Die Dame drückt, mit zusammengepressten Knien, ihr Becken etwas rückwärts. Sie schaut mit zusammengekniffenen Augen in die Höhe und streckt ihren Hals, um dem Dreierkuss entgegenzunehmen.

Ihre Hände legt sie als ‚Schutzschild' auf die Brust des höflichen Herrn. In Ostfriesland oder Mecklenburg-Vorpommern wäre eine solche Begrüßung oder Verabschiedung lächerlich.

– In der arabischen Welt küssen Männer Männer und Frauen Frauen. In der Öffentlichkeit wird nie ‚über Kreuz' geküsst!

Es war aus arabischer Warte ein unverzeihlicher Fehler des Staatsmannes *Henry Kissinger*, die Gattin des ägyptischen Präsidenten, *Jehanne Sadat,* vor laufenden Kameras zu küssen. Dadurch war sein Ansehen angeknackst.

– In Nordwesteuropa küssen Männer sich in der Öffentlichkeit nur, wenn sie bekennend homosexuell sind. In Spanien und Russland küssen Männer sich pausenlos. Diesen Eindruck bekommt zumindest der ‚kühle' Westeuropäer.

- Das „Küss-die-Hand" der Wiener und das „Kezicsókolom"
  der Budapester wirken in Berlin wahrscheinlich lächerlich.

- Die südeuropäischen Völker sind in ihrer Körpersprache
  etwas unbändiger als die Nordlichter. Ein Verkaufsgespräch zwischen Italienern könnte auf deutsche Zuschauer leicht den Eindruck eines heftigen und bürgerkriegsna-
  hen Streitgesprächs erwecken. Die liebste Frau meiner
  Welt sagt sogar, dass meine Körpersprache sich voll und
  ganz ändert, wenn ich von der deutschen Sprache auf die
  französische umschalte.

Dieses Buch behandelt die west- und mitteleuropäische Kulturvari-
ante der Körpersprache. Versuchen Sie also nicht, die Empfehlungen
in andere Kulturgebiete zu exportieren!

2.5   Subkulturelle Unterschiede in der Körpersprache

Innerhalb eines Kulturkreises gibt es meistens mehrere Sub-
kulturen. Sie sind manchmal generationsbedingt. Die Jugend spricht
eine andere Sprache als ihre Eltern, benutzt neue Worte und Ausdrucksweisen. Subkulturelle Gruppen kleiden sich manchmal unterschiedlich. Durch die Wahl seiner Kleidung bringt man - bewusst
oder unbewusst - Hochachtung oder Geringschätzung zum Ausdruck.
Kleidung dient dazu, Mitmenschen zu verführen oder zu imponie-
ren. Die Kleidung beeinflusst auf direkte Weise die Körpersprache,
eigentlich ist sie einen Teil davon.

Eine Frau geht in einer Nietenhose anders als in einem Abendkleid.
Sie ändert auch ihre Körpersprache!
Wespentaille, Hüftpolsterungen und Busenstützen beeinflussten frü-

her die Bewegungen und somit die Körpersprache der Frau. Eine Frau, die Kosakenstiefel trägt, hat ein anderes Körperverhalten als eine, die auf Pumps geht.

Wir wissen, dass auch modische Entwicklungen die Körpersprache der Frauen beeinflussen. Für Männer war das Diktat der Mode für die Körpersprache anscheinend weniger relevant. Vatermörder und Schillerkragen hatten ihren Wirkungskreis nur in der Hals- und Kopfzone.

- Die Damenmode pendelte schon jahrhundertelang zwischen Prüderie und Libertinage. Wie offenherzig darf ein Kleid oder eine Bluse sein? Die Antwort auf diese Frage beeinflusst auch die Bewegungssprache.
  Das Miniröckchen, umgangssprachlich und spöttisch auch als ‚Oberschenkel-Manschette' bezeichnet, ist allzu freizügig und frivol, um im St. Petersdom in Rom schon erlaubt zu sein. Bieten jedoch die Strumpfhosen darunter im Vergleich zu den früheren Strapsen keine Keuschheitskompensation?
  Außerdem bringt eine Frau Männer, die sich regelmäßig in der Sauna und am FKK-Strand entspannen und die an jeder Ecke eine Zeitschrift mit halbnackten Frauen auf dem Cover kaufen können, nicht mehr so schnell durcheinander.

- Subkulturelle Unterschiede gibt es auch zwischen ‚Besserverdienern' und weniger betuchten Bevölkerungsschichten. Ein materielles Wohlhaben scheint in allen Kulturen den Individualismus zu schüren und die Abgrenzung von der Masse zu fördern. Das Geld bietet eben die besseren Möglichkeiten dazu!

- Situative Variationen innerhalb einer Kultur oder Subkultur finden wir auch in der Sport- und Theaterszene oder in anderen Berufsgruppen.

- Fußballspieler umarmen und knutschen sich auf dem Spielfeld nach einem gelungenen Tor! Bei einer Begegnung auf der Straße tun sie dies nicht.
- Kleidung und Körpersprache eines Ehepaares sind während der Gartenarbeit ganz anders, als wenn sie einen Galaball besuchen.

Auf diese ‚körperidiomatischen‘ Unterschiede brauche ich in diesem Buch übrigens kaum tiefer einzugehen. Ich beschränke mich auf Begegnungen, die sich normalerweise weder im Garten noch im Ballraum noch in der Sauna noch auf dem Sportfeld abspielen. Ich konzentriere mich auf Begegnungen und Kontakte, die sich zu Hause, oder auch in Büro- oder Betriebsräumen abspielen, und wenn der eine Mensch vom anderen etwas ‚erreichen‘ möchte.

- Nur die subkulturellen Unterschiede zwischen Frau und Mann kann ich nicht außer Betracht lassen. Schade, denn ich weiß, dass man sich durch die Feststellung einiger Unterschiede noch immer Feindinnen machen kann. Die Mann/Frau-Unterschiede sind in Westeuropa allerdings unwichtiger als früher. Die Erziehung zur ‚Demutshaltung‘ der Frau gehört in unserem Kulturkreis im Prinzip der Vergangenheit an.

Diese Vergangenheit verschwindet als Generator heutiger Verhaltensmuster jedoch nicht über Nacht. Weibliche und männliche Mund- *und* Körpersprache verraten noch immer unsere ‚biologische‘ und ‚archetypische‘ Vergangenheit.

Kleidung, Schmuck und Kosmetik – die auch zur Körperkommunikation gehören – sind sich zwar nähergekommen, ganz verschwunden sind die Unterschiede nicht. Wie ich schon feststellte, beeinflussen diese Elemente auf sehr direkte Weise unsere Körpersprache.

2.6   Typisch Frau, typisch Mann?

Die Frage, ob noch existierende geschlechtliche Unterschiede in der Körpersprache ererbt oder erlernt sind, halten wir für ziemlich sinnlos. Wenn ein Verhalten gar nicht in unserem ‚Chip‘ eingebettet liegt, kann es nicht erlernt werden. Deswegen kann ein Schimpanse nicht zur Stubenreinheit erzogen werden. In der spanischen Hofreitschule in Wien lernen die Pferde nur die Bewegungen, die sie auch in freier Natur durchführen. Nur sie lernen, diese auf Befehl und wiederholt durchzuführen.

Andererseits kann kein Mensch voll und ganz nach seinem ‚Chip‘ und den darin eingebetteten angeborenen Neigungen leben. Kultur und Natur entwickeln sich in gegenseitiger Abhängigkeit. Sicherlich gibt es einige geschlechtliche Unterschiede, die in der Natur wurzeln, die aber durch Erziehung und ‚soziale Dressur‘ verstärkt wurden.

– Wenn eine Frau in einem engen Raum einer fremden Person begegnet, wendet sie Busen und Bauch von dieser Person weg. Ist es eine ‚natürliche‘ Neigung, den Busen oder das ungeborene Leben zu schützen? Männer machen diese Bewegung viel seltener.
Sie haben eher die Neigung, in einem engen Durchgang dem anderen die Brust zu zeigen.

– Männer gehen und sitzen ‚breit‘ und beanspruchen somit viel Raum. Ist es, damit ihr Sperma kühler aufgehoben bleibt, wie ein biologisch doktorierter Freund uns erklärte? Frauen machen kleinere Schritte, Oberschenkel und Füße dicht aneinander. Ist es ‚erlernt‘? Oder hat es mit einem geschlechtlich bedingten Sicherheitsbedürfnis zu tun?
Wozu dann aber um Himmels willen die Bleistiftabsätze? Oder wurden diese erfunden, um die von der Natur er-

wünschten Trippelschritte zu erzwingen? Solche Diskussionen können bis ins Uferlose ausgedehnt werden.

– Männer erfüllen laut Naturgesetzen eher eine ‚penetrante‘, sprich aggressive Rolle, Frauen sind eher ‚rezeptiv‘ und ‚defensiv‘. Eine klischeetreue Erziehung fördert dieses Rollenverständnis. Männer ‚belästigen‘ Frauen häufiger als umgekehrt, obwohl ein Rollenwechsel nicht auszuschließen ist. Dies zeigten damals, sei es nur vorübergehend, die Amsterdamer ‚tollen Minas‘.[3] Ist dieser Mann/Frau-Unterschied auch wirksam in Situationen, die mit Sexualität nichts zu tun haben?

– Obwohl weibliche Bluejeans jetzt mit den männlichen gleichberechtigt sind, wurde der Rock der Vergangenheit vielleicht in Omis und Ur-Omis Zeiten auch durch die Biologie der Mutter Natur diktiert.

– Eine befreundete Kollegin[4] bat männliche Seminarteilnehmer, einen Bleistift vom Boden aufzuheben, wie es eine Frau machen würde, d. h.:
  • Oberschenkel und Knie zusammengepresst,
  • das Gesäß nicht emporgehoben,
  • und eine Hand vor dem Brustkorb haltend.
Viele Männer verloren bei dieser Übung das Gleichgewicht! Mangels Training oder mangels natürlicher Veranlagung?

Eine scharfe Trennungslinie zwischen Frau und Mann lässt sich im Bereich der Körpersprache nicht ziehen. Es gibt ‚weibliche‘ Männer und ‚männliche‘ Frauen, die sich deswegen nicht zu schämen brauchen. Wir weisen trotzdem auf einige Unterschiede hin, die auch im modernen Geschäftsleben noch existieren:

- Männer falten ganz ungeniert ihre Hände im Nacken zusammen und lehnen sich zurück, während sie ihren Brustkorb nach vorn pressen. Frauen wählen diese Haltung viel seltener. Ist es, weil die Achselhöhlen trotz Deodorant Lockstoffe, Pheromone, produzieren?

- Männer drohen mit ihren Fäusten. Frauen benutzen den harten Ellbogen oder das harte Knie eher als Waffe.

- Männer schlagen sich aus Imponiergehabe gelegentlich auf die eigene Brust, genau wie ihr Onkel, der Gorilla! Die weibliche Brust eignet sich eher weniger zum Trommeln.

- Auch wenn es kein Merkmal ihrer inneren Zivilisation ist: Männer können ihre Füße auf den Schreibtisch legen und damit ihre Revieransprüche betont äußern. Frauen könnten es auch, Sie tun es aber nicht, auch nicht, wenn sie Bluejeans tragen.

- Der Mann benutzt den gehobenen Daumen manchmal als ‚phallisches‘ Imponiersignal, nicht nur im erotischen Bereich. Frauen sind dazu weniger geneigt. Es sei denn, das Signal gehört zu einem vereinbarten Code, der einmal in einer Männergesellschaft entstand. Auch die Frau hebt z. B. auf dem Flugplatz den Daumen wenn sie dem Flugkapitän das ‚Freizeichen‘ vermittelt.

- In herkömmlich von Männern dominierten Bereichen werden Frauen oft aus wirtschaftlichem Selbsterhaltungstrieb die ‚typisch‘ männliche Mund- und Gebärdensprache übernehmen. Es bleiben jedoch kleinere Unterschiede bestehen, z. B. das Spielen mit einer Halskette.

Ich werde diese Frau/Mann-Unterschiede in den späteren Kapiteln gelegentlich erwähnen und durch Abbildungen erläutern.

2.7 Frauen ‚lesen' Körpersprache schneller als Männer!

Falls es im Bereich der Körpersprache eine Vorrangsstellung gibt, liegt die eher bei den Frauen als bei den Männern. Frauen ‚lesen' die Körpersprache eines Mitmenschen nämlich schneller, leichter und treffsicherer als Männer! Es erklärt die ‚weibliche' Intuition bei zwischenmenschlichen Kontakten. Dies ist wahrscheinlich die Folge einiger biologischer und archetypischer[5] Rollenunterschiede.

– Das *corpus callosum*, der Fadenstrang, der die linke und rechte Gehirnhemisphäre verbindet, ist bei Frauen erheblich dicker als bei Männern. Vereinfacht gesagt, verbindet dieser Strang das ‚Logische' mit dem ‚Musischen'. Frauen reichern ihr logisches Denken deshalb leichter mit emotionalen Komponenten an.

– Biologisch gesehen gehört zur unentfremdbaren Frauenrolle das Stillen des noch sprechunfähigen Säuglings. Dieser Umgang mit dem Neugeborenen erfordert also das schnelle und richtige Lesen der Körpersprache. Es wäre unwahrscheinlich, hätte die Natur die Frau in dieser Hinsicht nicht besser als den Mann ausgerüstet.

– Der archetypische Mann war ein Steppenjäger, während die Frau Haus, Herd und Hof betreute. Ein wachsamer ‚Großwinkelblick' machte sie für diese Aufgaben besser geeignet.
Männer schauen in die Ferne, Frauen haben einen Rundum-Blick. Die menschliche Netzhaut hat circa 130 Mio. Photorezeptoren, davon können 7 Mio. Farben wahrnehmen und unterscheiden. Bei Frauen sind es mehr, sie können deshalb auch besser Farbschattierungen wahrnehmen. Übrigens ist auch der Geruchssinn bei Frauen besser entwickelt als bei Männern.

Indem die Frau als archetypisches Erbe mit dem Großwinkelblick ausgerüstet ist, nimmt sie schneller mehr Einzelheiten wahr als es der Mann tut. Deswegen kommt sie oft zu treffsicheren richtigen so genannten ‚intuitiven' Schlussfolgerungen.

2.8 Unbewusst geäußerte und bewusst ‚regissierte' Körpersprache

Bei den Körpersignalen im Verkaufsgespräch denkt man meistens an unbewusste und unwillkürliche Haltungen, Bewegungen und Beschäftigungen.

Unbewusste Handlungen, die oft im Widerspruch zum übrigen menschlichen Verhalten stehen und unsere *wirkliche* Einstellung verraten, sind schon am Anfang des 20. Jahrhunderts durch die ‚Wiener Schule' der Psychologie und Psychiatrie bekannt geworden. *Sigmund Freud*, der Vater der Psychoanalyse, erwähnte in seinen Büchern schon ‚unbewusste' -jedoch ‚absichtliche'- Fehlleistungen und Symbol- oder Symptomhandlungen. Beispiele:

– Während eines Empfangs plaudert ein Gast scheinbar animiert mit dem Gastgeber. Eine Hand in seiner Hosentasche spielt jedoch mit seinem Schlüsselbund. „Ich möchte weg von hier! Auf, nach Hause!" sagt er damit ganz unbewusst, jedoch absichtlich!

– Auf einem anderen Empfang begegnet eine verheiratete Frau einem charmanten Gesprächspartner. Während des Gesprächs spielt sie mit ihrem Ehering, schiebt diesen vom Finger und dann wieder zurück. „Ich bin gegenüber diesem Mann aufgeschlossen!" sagt sie damit unbewusst. Wenn man sie mit dieser ‚sündigen' Interpretation konfrontieren würde, riskierte man allerdings eine Ohrfeige! Denn eine solche Absicht ist für sie selbst ein Tabu!

– Meine Schwester verabscheute die ihr auferlegte Pflicht, in einem Kirchenchor zu singen. Weil sie jedoch ein ‚Pflichtmensch' war, versteckte sie ihr Gesangbuch unbewusst absichtlich fast jeden Sonntag immer so, dass sie es nicht oder nur schwierig finden konnte. Auch solche ‚Fehlleistungen' sind sehr mit den Symbol- und Symptomhandlungen verwandt.

– Der amerikanische Sozialpsychiater *Eric Berne*, geistiger Enkel der erwähnten Wiener Schule, signalisiert das stereotypische Verhalten eines als ‚Schlemiel' bezeichneten Menschentyps. Während einer Party bekleckert er mit seinem Drink das Abendkleid der Gastgeberin. Er entschuldigt sich stotternd und ausführlich. Als der Gastgeber ihm – obwohl innerlich verärgert – sagt, dass dies „alles nicht so schlimm ist, alter Junge!", kleckert ‚Schlemiel' anschließend Currysoße auf den Teppich, brennt mit einer Zigarette ein Loch ins Tischlaken und beschädigt mit einem Stuhlbein die Gardinen. Vehement sucht er seine ‚Bestrafung'. Es handelt sich um in seinen Verhaltensmustern einprogrammierte unbewusst-absichtliche Zwangshandlungen.

Die Körpersprache unserer Gesprächspartner besteht teilweise aus unbewusst-absichtlichen Symptomhandlungen, auch wenn sie keine ‚psychiatrischen Fälle' sind. Die meisten ihrer körpersprachlichen Äußerungen werden von ihrem Unbewussten gesteuert.
Wir können sie jedoch durch eine Bewusstmachung mit anschließender Übung zu einer ‚regissierten' Körpersprache machen. Diese regissierte Körpersprache sollte eigentlich zum ständigen, gut geübten Repertoire eines jeden gehören, der beruflich oder privat seine Mitmenschen beeinflusst. Wir machen dadurch unseren gesprochenen Text glaubwürdiger und einprägsamer, wie wir später sehen werden.

Wenn ein Mensch charakterlich ein ‚ängstlicher Feigling‘ ist, wird er dies in seiner Körpersprache zeigen, und er wird es durch Training wahrscheinlich nicht ändern können. Auch ein charakterlich mutiger Mensch kann jedoch situativ bedingt Angst haben. „Wer noch nie Angst gehabt hat, muss wohl ein Dummkopf sein!".

Er kann aber diese situative Angst durch körpersprachliches Training überwinden.

Wenn er sich mutig verhält, entdeckt er, dass er durch seine eigene Körpersprache und die Reaktion seines Gegenübers darauf auch *innerlich* mutiger wird. Unsere innere Einstellung beeinflusst unser Verhalten. Dies ist die ‚Vorderseite‘ der Wahrheit. Die ‚Rückseite‘ derselben Wahrheit ist jedoch, dass unser Verhalten unsere innere Einstellung beeinflusst.

Der Bändiger der Großkatzen im Zirkus kennt die Gefahren des Umgangs mit seinen Lieblingen genau. Wenn er von ihnen angefaucht wird, weil Raubkatzen nicht gern gebändigt werden, macht er einen mutigen Schritt *vor*wärts, obwohl seine natürliche Reaktion wahrscheinlich der *Rück*wärtsschritt oder die Flucht wäre.

Diese natürliche Reaktion wäre jedoch sein sofortiger Tod!

Indem er den unnatürlichen Schritt vorwärts macht und das siegreiche Ergebnis erlebt, programmiert er seinen inneren Mut! Wir würden nicht gern behaupten, dass unsere Gesprächspartner Raubkatzen sind. Trotzdem können wir vom Benehmen des Löwenbändigers etwas lernen.

2.9   Körperdüfte als Signale

Ein noch brachliegender Bereich der menschlichen Kommunikation ist der Duft, den wir im Kontakt mit Mitmenschen ‚ausdünsten‘. Düfte, in der Tierwelt ein sehr wichtiges Kommunikationsmittel, haben für unsere kosmetisch getrimmte menschliche

Gesellschaft viel weniger Bedeutung. Dies glauben wir jedenfalls. Es ist jedoch nicht ausgeschlossen, dass auch Düfte im Unbewussten noch immer eine wichtige Rolle spielen. Düfte werden durch Sympathie und Antipathie, durch Mut und Angst ausgelöst. Sie dienen auch dazu, andere Lebewesen herbeizulocken oder abzustoßen.

Die Kurtisanen der griechischen Antike bestrichen ihre Augenbrauen mit Majoran und ihren Hals mit wildem Thymian, weil dies eine ‚erotisierende‘ Wirkung haben sollte. Diese Duftkomponente existiert in unserer modernen Gesellschaft noch immer.

Der amerikanische ‚Aromatologe‘ *Alan Hirsch* sagt, dass Düfte eine ‚drogenähnliche‘ Wirkung auf unser Gehirn haben. Aus dem ‚Riechgehirn‘ des blinden Urmolches sollte sich das ‚limbische System‘ unseres Mittelhirnes entwickelt haben.

Dieses limbische System verarbeitet Düfte ohne Vermittlung unseres Großhirns, und es steuert auf sehr direkte Weise unsere Emotionen. Duftsignale sind nicht nur im erotischen Bereich wichtig, sie beeinflussen gegebenenfalls auch den Ablauf sachlicher Verhandlungen.

‚Angstschweiß‘ löst Duftsignale aus. Ein Raubtier, auch ein Hund, spürt sie und reagiert entsprechend. Sind Sie sicher, dass sie Ihr Gesprächspartner *nicht* spürt? Von der ‚Duftsprache‘ ist allerdings sehr wenig Handfestes bekannt. Sie entzieht sich außerdem, mehr als unsere Mimik und Gestik, unserer direkten bewussten Steuerung und Regie. Deswegen erwähne ich die Duftsprache an dieser Stelle nur beiläufig.

Wir können mittels hygienischer und kosmetischer Maßnahmen allerdings eine größere Akzeptanz beim Gesprächspartner bewirken. Für Berater und Verkäufer beschränke ich mich auf folgende Empfehlungen:

- Für einen Nichtraucher ist ein Kettenraucher ein übelriechendes Lebewesen, auch wenn er kurz vor dem Gespräch das Rauchen eingestellt hat. Einem ‚stinkigen‘ Gesprächspartner nimmt man Argumente schwieriger ab, und man kommt eher zu instinktgesteuerten und unsachlichen Einwänden. Falls Sie also Raucher sind und bleiben wollen, schicken Sie Ihren Anzug häufig in die chemische Reinigung oder lüften Sie ihn in feuchter Freiluft aus.

– Mit einem duftneutralen Deodorant fährt man auf Nummer sicher. Jedoch: Labortests einiger amerikanischer Universitäten lassen vermuten, dass ein leichter Zitronenduft eine kooperative Atmosphäre für Verhandlungsgespräche auslöst. Durch Duftstoffe aus Muskat, Apfelsinenöl und Baldrian soll man beruhigend auf den Gesprächspartner einwirken. Ein exaktes Wissen fehlt uns über diese Wirkung noch.

– Ein klimatisiertes Auto trägt vor allem im Sommer dazu bei, dass man nicht ‚stinkig‘ beim Gesprächspartner eintrifft. Hoffen wir also, dass die eventuellen umweltschädigenden Effekte der herkömmlichen Klima-Anlagen schnell behoben werden!

– Ein Mann, der regelmäßig unterwegs ist, hat immer Reserveschuhe in seinem Wagen und er wechselt mindestens einmal pro Tag seine Schuhe.

– Atem-Erfrischer wirken keine Wunder, ihre Benutzung kann jedoch unsere Beziehungen zu unseren Gesprächspartnern verbessern. Vernünftigerweise sollte man die Lebensgefährtin oder den Lebensgefährten am Tagesanfang für eine regelmäßige Atemkontrolle einschalten. Von eigenen Atem- und Körpergerüchen spüren wir selbst viel weniger als unsere Mitbürger. Sie konnten dies sicher schon feststellen, wenn Ihr Kollege gestern ein knoblauchhaltiges Essen mit einigen Gläsern Wein angereichert hat.

Weil die ‚Duftsprache' eigentlich nur zu praktischen Verhaltensregeln *vor* dem Gespräch führt und *während* des Gesprächs nicht mehr steuerbar ist, lasse ich es bei diesen kurzen Bemerkungen bewenden. Ich konzentriere mich in den weiteren Kapiteln dieses Buches auf die visuellen Körpersignale, die während des Gesprächs regissierbar sind.

2.10 Körpersignale empfangen und ausstrahlen

Die Einteilung der nachfolgenden Kapitel wird auf einem Zweibahnverkehr basieren:

A. Wir wollen die Körpersignale unserer Gesprächspartner ‚lesen' bzw. deuten können. Dazu brauchen wir nicht nur ein Wissen um diese Signale, sondern auch die Fähigkeit, sie entspannt und ‚beiläufig' aufzufangen. Wer während des Gesprächs mit starrem und verbissenem Gesichtsausdruck die Mimik und Gestik des Kunden studiert, beeinflusst dessen Körpersprache und dessen innere Einstellung. Ihre Beobachtung wird somit wertlos.

„Die Beobachtung sollte das Beobachtungsobjekt nicht ändern" ist eine Grundthese sämtlicher Wissenschaftler. Das Lesen der Körpersprache im Gespräch umfasst drei Subthemen:
(1) Was sagt uns die Körpersprache des Partners schon beim Empfang und der Begrüßung?
(2) Wie spricht sein Körper, wenn er schweigend anhört, was wir sagen?
(3) Gibt es ‚Kongruenz' [6] zwischen seiner Körpersprache und seinen verbalen, in Worten geäußerten Reaktionen?

B. Wir überzeugen unsere Mitmenschen effektiver, wenn unsere Körpersprache ‚kongruent' mit unseren Absichten

und mundsprachlichen Äußerungen im Verkaufsgespräch ist:

(1) Wie fördern wir durch unsere Körpersprache die see-
    lische Harmonie zwischen unserem Gesprächspart-
    ner und uns?

(2) Wie unterstützen wir körpersprachlich unsere mund-
    sprachlichen Aussagen?

Jetzt öffnen wir die Tür zum Arbeits- oder Empfangszimmer unseres
Gesprächspartners. Wir betreten sein ‚Revier‘. Was passiert jetzt? Im
nächsten Kapitel werden wir es erleben!

3. SIE DRINGEN IN EIN FREMDREVIER VOR ... WAS NUN?

3.1 Wie begrüßen Sie den Partner am besten?

Die körpersprachliche Kommunikation zwischen dem Gesprächspartner und Ihnen entwickelt sich schon ab dem ersten Moment der Begegnung, und sie entscheidet ab diesem Moment in hohem Ausmaß über die Entwicklung der zwischenmenschlichen Beziehungen. Selbstverständlich können wir nicht *alle* Begegnungssituationen behandeln oder auch nur skizzieren. Falls Ihre telefonische Terminvereinbarung auf perfekte Weise geklappt hat, ist es denkbar, dass der Gesprächspartner Sie erwartet und Sie selbst am Empfang abholt und Sie zu seinem Arbeitszimmer begleitet. Wenn Sie sein *Kunde* und nicht sein *Lieferant* wären, dann täte er dies mit Sicherheit. Denn Sie wären dann ‚König Kunde' und der rote Teppich würde für Sie ausgerollt. Ihr Partner wäre dann sehr ‚entgegenkommend'.

Dieses letzte Wort schreibe ich in Gänsefüßchen und mit Bindestrich, nur um zu betonen, dass der psychologische Begriff ‚entgegen-kommend' dem körpersprachlich physischen entnommen ist. So wichtig ist die Körpersprache, da sie sogar für ‚seelische' Begriffe benutzt wird.

Ein Gesprächspartner, der Sie am Empfang abholt und zum Gesprächsraum führt, wird normalerweise auch während des darauf folgenden Kontaktes freundlich und hilfsbereit sein. Wir wollen jedoch realistisch bleiben! Im Geschäftsleben wird eine solche Begegnung am Empfang äußerst selten vorkommen. Sogar wenn Sie Ihren Termin perfekt vereinbart haben, sollten Sie mit einem anfänglichen Misstrauen oder doch mindestens mit einem reservierten Verhalten rechnen. Normal ist, dass Sie gebeten werden, sich noch einige Minuten am Empfang zu gedulden.

Dann erscheint ein Assistent oder eine Assistentin, holt Sie ab und begleitet Sie bis zur Tür oder bis ins Arbeitszimmer des eigentlichen Gesprächspartners. Sie befinden sich jetzt in seiner unmittelbaren Nähe und in seinem Blickfeld.

Wie sollten Sie sich jetzt verhalten?

Meine erste Empfehlung: Wahren Sie während einiger Sekunden den ‚Respektabstand' zu Ihrem Gesprächspartner. Dieser erste Begriff aus dem Bereich der Körpersprache erfordert eine kurze Erklärung.

3.2 Die konzentrischen Kreise rund um alle Lebewesen

Zuerst machen wir wieder einen Seitensprung ins Tierreich. Für nahezu alle Lebewesen gibt es einen ‚Fluchtabstand'. Rund um das ruhende Tier besteht ein unsichtbarer Kreis als Sicherheitsabstand, es sei denn, dass dieser Kreis durch Training verändert wurde. Überschreitet ein unbekanntes und nicht vertrautes Wesen diese unsichtbare Linie, dann weicht das Tier zurück, es flüchtet ... oder es greift an. Die dritte Möglichkeit ist, dass es sich tot stellt.

Der Frosch tut dies zum Beispiel. Weil meine Katzen nicht an unbeweglichen Gegenständen interessiert sind, lassen sie den Frosch liegen bis er die Chance hat, davonzukommen.

Diese kreisförmige Zone ist die kleinste Revier-Einheit.

Andere Revierzonen liegen ‚konzentrisch'[7] um diese kleinste Einheit gruppiert. Viele Tiergattungen haben solche Subreviere: das Schlafrevier, das Wohnrevier, das Jagdrevier, das Paarungsrevier. Sogar durchaus friedliche Lebewesen wie z. B. Amseln oder Hirsche tragen angriffslustige Kämpfe aus, wenn ein Artgenosse in ihr Revier vordringt.

Auch rund um die Menschen, die über Stammhirn und Mittelhirn mit der übrigen zoologischen Welt verbunden sind, existieren solche unsichtbaren kreisförmigen Zonen. In der ‚atlantischen Welt‘, wozu Nordamerika, Nordwest- und Mitteleuropa gehören, sind Sie jedoch oft anders gelagert als z. B. im Mittelmeerbereich oder im Nahen Osten. Sehen Sie dazu auch Abbildung 10.

1. In unserer atlantischen Welt unterscheiden wir eine *Intimitätszone*, die sich etwa 50 cm rund um den Menschen befindet. Sie prägt das Verhältnis zwischen Mutter und Säugling und zwischen zwei Verliebten. Diese Zone dürfen nur diejenigen betreten, mit denen ein intim-freundschaftliches Verhältnis besteht. Dies trifft allerdings nur zu, wenn man im ‚konfrontalen‘ Kontakt mit dem Gesprächspartner ist, also ihm direkt gegenüber steht! Näher treten löst in dieser konfrontalen Positionierung Flucht- oder Angriffsreaktionen aus, weil der Mensch nicht durch regungsloses Verharren vorgibt, wie es Frosch oder Käfer tun, tot zu sein.

   Wir werden später sehen, dass Sie unter bestimmten Voraussetzungen die Intimitätszone betreten dürfen und dass dies sogar während bestimmter Gesprächs-Abschnitte zu empfehlen ist.

2. Der Verkäufer wird sich im stehend geführten Gespräch am *Innenrand* der so genannten *Egalitätszone* aufstellen. Diese Zone liegt zwischen dem Radius von etwa 75 cm rund um den Kunden. Es ist der ‚Händedruck-Abstand‘. Bleibt man von diesem *Innen*rand von 75 cm all zu weit entfernt, dann wirkt man kalt und vielleicht sogar arrogant.

   Notiz: Zeugenaussagen lassen vermuten, dass die Egalitätszone in Japan einen Radius von nur 40 cm hat. Unser ‚atlantischer‘ Abstand lässt japanische Gefühle von Sympathie stark abkühlen.

   In der arabischen Welt scheint es keine eigentliche Egalitätszone zu geben. Ein Verkäufer versucht einen ihm unbekannten Kunden ständig zu berühren und zu ‚betatschen'.

3. Rund um den Radius von 120 cm fängt die *Respektzone* an. Diesen Abstand respektiert man, wenn man mit seinem Chef oder einer anderen Respektsperson spricht. Weil Sie als Besucher beim Erstgespräch ins Partnerrevier eindringen, empfehle ich, dass Sie sekundenlang diese Respektdistanz wahren, bis Ihr Gegenüber ein freundliches Begrüßungssignal gibt.

4. Ab 150 bis 250 cm fängt die *Publikumszone* an. Falls Sie Präsentationen vor größeren Gruppen abhalten, sollte sich die erste Reihe der Teilnehmer auf dieser Entfernung

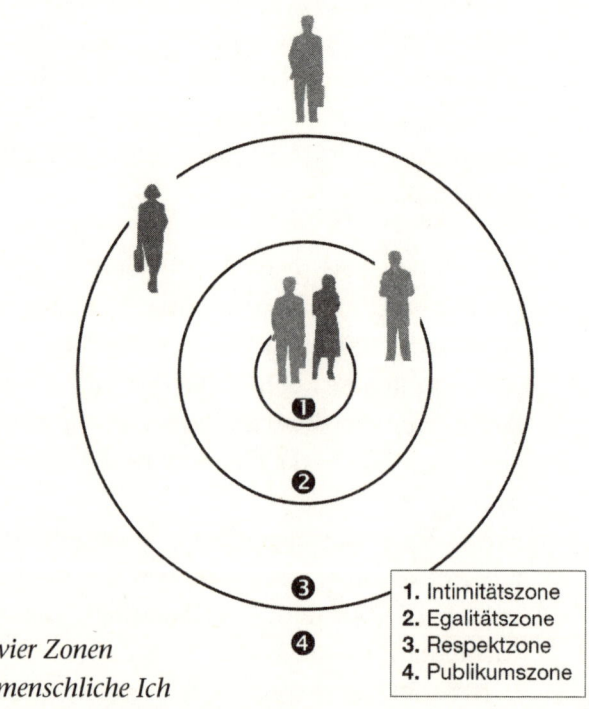

Abb. 10: Die vier Zonen rund um das menschliche Ich

1. Intimitätszone
2. Egalitätszone
3. Respektzone
4. Publikumszone

vom Sprecher befinden. Die Engländer kennen dies als Goldene Regel für eine Saaleinrichtung: „First row at three feet plus spitting distance"[8] und fragten einmal höflich: „What *is* your spitting distance, Sir?"

Das Wahren der Respektdistanz beim Betreten des Kunden-Zimmers bringt dem Kunden die Sicherheit, dass Sie nicht beabsichtigen, sein Revier zu stürmen. Es bietet Ihnen dazu die erwünschte Möglichkeit zu beobachten, *wie* er Sie begrüßt und willkommen heißt.

3.3 Weitere Notizen über die Intimitätszone

Wir gehen, weil der Begriff für unser Verhalten so wichtig ist, noch etwas weiter auf den Begriff *Intimitätszone* ein. Einbrüche in diese Zone sind unsere alltägliche Erfahrung.

- In einem Hotellift, in dem man mit unbekannten Mitmenschen zusammengepfercht wird, befinden sich alle Fahrgäste unfreiwillig innerhalb der Intimitätszone der anderen. Dies führt zu einem stereotypen Verhalten, das Sie bestimmt kennen. Man spricht nicht miteinander, man vermeidet sogar den direkten Augenkontakt. Abgesehen von einem kurzen einschätzenden Blick starrt man auf die eventuelle Stockwerktafel, als ob man sich dafür wirklich interessieren würde, oder aber man betrachtet seine Schuhspitzen. Ausnahmen gibt es jedoch:
  • Teilen sich zwei gegenseitig unbekannte Landsleute in einem exotischen Land die Aufzugskabine, dann werden sie sich - wenn sie sich ‚entdecken'- eventuell als etablierte Reviergenossen benehmen.
  • Handelt es sich um Kongressteilnehmer, die sich als solche am Namensschild erkennen, trifft die gleiche Reviergemeinsamkeit zu.

- Mein eigenes Erlebnis: In einem Stockholmer Hotel-Aufzug wurde ich von einer jungen Pelzmantelfrau auf sehr direkte und ‚penetrante‘ Weise angeguckt, sogar angelächelt und angesprochen. Ein Verstoß gegen alle körpersprachlichen Regeln! Es stellte sich aber bald heraus, dass Sie eine Hotelprostituierte war, die den Aufzug als ‚Jagdrevier‘ benutzte. Sehr schlau? Das Beutetier befand sich schon im Käfig und konnte kaum entkommen ...
  Sehr dumm? Dieser Mann möchte nicht als Beutetier ‚gejagt‘ werden!
- Wenn ein Unbekannter im Aufzug unsere Hilfe braucht, werden wir diese Hilfe wahrscheinlich leisten. Zu einer Konversation veranlasst dies jedoch kaum. Wenn aber doch, dann hat diese Konversation etwas Gezwungenes an sich.

– Unsere Intimitätszone wird in übervölkerten Geschäftsstraßen ständig verletzt. Man duldet die Verletzung, weil man sich gegenseitig als *Un*person behandelt. Auch in einem Restaurant oder einer Cafeteria, wo eine Serviererin einen unbekannten männlichen Kunden bedient, tritt sie ihm eigentlich zu nahe, und oft wird er dann kühl als *Un*person behandelt.

– Am übervölkerten Urlaubsstrand versucht mancher sein Mini-Revier abzustecken. Das ausgelegte Badetuch wird zum Intimitätsrevier mit Besitz-Ansprüchen. Tritt ein Unbekannter aus Versehen mit seinem Fuß auf das Badetuch, oder wird man da vom Ball einiger spielender Badegäste ‚belästigt‘, dann reagiert man manchmal übertrieben giftig. Es sei denn, man realisiert rechtzeitig, wie unwichtig diese Revierverletzungen eigentlich sind, und welche schönen Urlaubskontakte sich daraus ergeben könnten.

SIE DRINGEN IN EIN FREMDREVIER VOR ... WAS NUN?

– In Europa respektieren wir das Chefrevier, indem wir anklopfen bevor wir eintreten. In den USA steht die Tür des Chefzimmers fast ständig offen. Aber dies bedeutet nicht, dass es an der Tür keine Reviergrenze gäbe! Im Gegenteil: Der amerikanische Kollege bleibt in der Türöffnung stehen, lehnt sich meistens an den Türpfosten und fragt: „Jim, haben Sie einen Moment Zeit für mich?" Erst wenn der Chef dies bestätigt, tritt der Mitarbeiter näher.

3.4 Wie reagiert der Partner auf Ihr Erscheinen?

Wir nehmen nun einmal an, dass *Ihr* Gesprächspartner sich hinter seinem Schreibtisch befindet. Dieser Schreibtisch ist nicht nur zum Schreiben da, wie die Bezeichnung uns täuschenderweise suggeriert. Es ist ein Subrevier innerhalb des Arbeitszimmerreviers und zu gleicher Zeit eine Barrikade, die vor Eindringlingen schützen soll! Achten Sie deswegen darauf, wie Ihr Gegenüber während der Begrüßung diese Barrikade benutzt ... oder aber beseitigt.

A. Es kann sein, dass er am Schreibtisch sitzen bleibt und fleißig weiterschreibt ... oder dies vorgibt. Er schaut Sie vielleicht flüchtig an, wie wir es mit den unbekannten Mitfahrern im Aufzug schon erlebt haben, und sagt: „Einen Augenblick bitte!"
Weiter behandelt er Sie, bis zu einem *ihm* passenden Moment als *Un*person! Dieses Verhalten gehört zum ‚Imponiergehabe'.
Obwohl Sie sich schon in seinem Arbeitszimmer befinden, lässt er Sie psychologisch noch einige Sekunden oder Minuten im Wartezimmer ‚schmoren', ‚abkühlen' oder ‚katzbuckeln' oder wie auch immer er sich ausdrückt.
Vielleicht basiert dieses Verhalten auf einer Anerziehung,

weil er von seinen Erziehern oder Vorgesetzten gelernt hat, das es sich so geziemt.

Auch hier gibt es unterschiedliche europäische National-kulturen. In Italien schreitet der Unternehmer oder Firmenboss meistens nur durch seine Werkshallen, wenn er durch ein zwei Mann starkes Begleitkommando eskortiert wird. Sie sind nicht bewaffnet oder für den Nahkampf gerüstet, ihre Existenz dient nur als Nachweis, dass der Chef wirklich der Chef ist.

Wenn Ihr Gesprächspartner Sie ‚schmoren‘ lässt, könnte es auch sein, das er eine innere Verunsicherung zu kompensieren versucht. Oder er wählte den Moment aus taktischen Gründen als ‚Weichmacher-Manöver‘: Wenn zum Beispiel das letzte entscheidende Preisgespräch geführt werden muss, denn Verhandlungen finden nur selten ohne Imponiergehabe statt. Dann fängt eine körpersprachliche ‚Verhandlung‘ als Vorspiel des eigentlichen Gespräches statt. *Falls* Ihr Gegenüber sich so benimmt, bleiben Sie gelassen. Wenn er gar nicht vorhätte, mit Ihnen zu sprechen, dann wären Sie nicht bis in sein Zimmer gekommen.

B. In Abbildung 11 erleben wir die Situation eines ‚betonten Revieranspruchs‘. Ihr Gastgeber bleibt sitzen. Um ihm die Hand zu drücken, müssen Sie aus stehender Position über seinen Schreibtisch reichen. In Körpersprache sagt der Kunde: „Sie sind ein Eindringling in meinem Revier und darauf weise ich hin! Eigentlich sind Sie mir nicht so besonders willkommen. Ihre Chancen auf meine echte Partnerschaft sind gering!" Das Gespräch mit dieser Person wird kalt und schwierig werden. Trostreich ist jedoch der Gedanke, dass es kaum *noch* frostiger als diese Begrüßung werden kann.

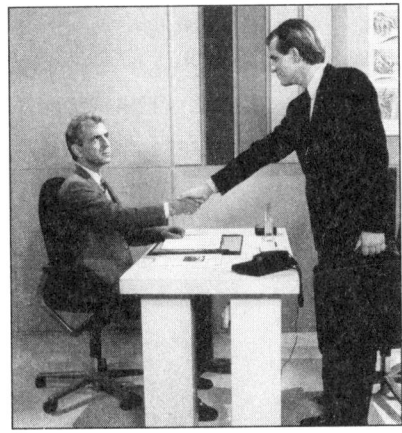

Abb. 11: Ein frostiges Willkommen

Abb. 12: Ein kühles Willkommen

C. Etwas besser ist es schon, wenn der ‚Kontrahent' sich - wie in Abbildung 12 - von seinem Bürostuhl erhoben hat und Ihnen - noch immer über seinem Schreibtisch – die Hand reicht. Es ist noch immer ein sehr kühles Willkommen, und viel Partnerschaft verspricht Ihnen dieser Mann nicht.

D. Die normale, freundliche Begrüßung, die eine entspannte Fortsetzung des Kontaktes verspricht, ergibt sich, wenn der Gesprächspartner sich - wie in Abbildung 13 - neben die kurze Seite seines Schreibtisches stellt und Sie von dort aus begrüßt. Er beseitigt mit seiner Körpersprache die Barrikade und ist zu einem freundlichen Gespräch bereit.

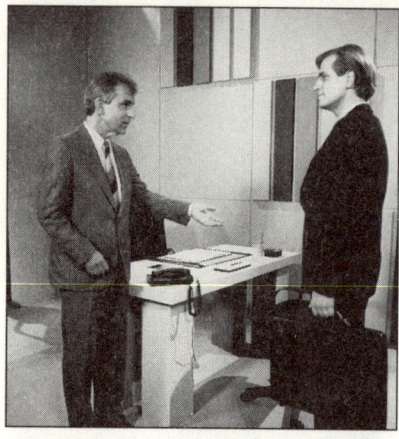

Abb. 13: Ein freundliches Willkommen

Abb. 14: Ein herzliches Willkommen

E. ‚Entgegen-kommend‘ werden Sie wie in unserer Abbildung 14 empfangen, wo ein wirklich *herzliches* Willkommen zum Ausdruck gebracht wird. Bei einer allzu großen Freundlichkeit beim Empfang eines Unbekannten mahne ich trotzdem zur Vorsicht und zu einiger Reserve. Was möchte er bei Ihnen erreichen, wenn er so unangemessen freundlich ist. Im Falle eines unbekannten Besuchers gibt es dazu doch keinen Anlass? Vielleicht möchte er mit seinem ‚Entgegenkommen' besondere Konzessionsansprüche vorbereiten.

Um die Absichten Ihres Partners etwas eingehender zu analysieren, sollten Sie auch darauf achten, in welcher Position seine Hand sich beim Händedruck befindet. Die Abbildungen 15, 16 und 17 zeigen: Die greifende Hand eines Tyrannen, der uns mit Gewalt etwas entwenden möchte.
Die fragende Hand eines Bettlers, der um eine Gunst bittet.
Die Hand eines gleichwertigen Partners, in allen Hinsichten am angenehmsten.
(Mit Ihrem Gastgeber jeweils links vom Bild)

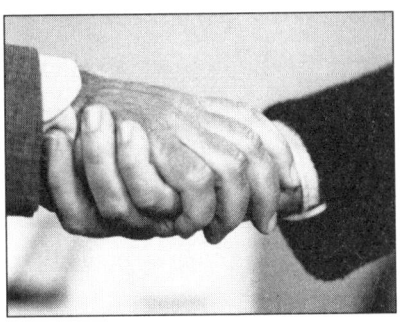 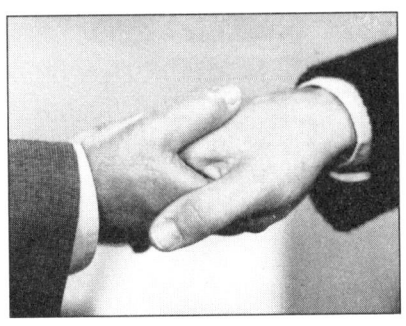

Abb. 15: Tyrannenhand *Abb. 16: Bettlerhand*

Abb. 17: Partnerhand

DIE MACHT DER KÖRPERSPRACHE

Es gibt noch weitere Möglichkeiten des Händedrucks, die ich nicht alle abbilden werde, z. B.:

- Der Partner greift Ihre Hand mit seinen beiden Händen und lässt während der Begrüßung nicht locker. Falls es sich um einen Freund handelt, den Sie erst nach jahrelange Trennung wiedersehen, ist dies vielleicht als normal einzustufen. In allen anderen Fällen wirkt es im Geschäftsleben ‚klebrig‘. Sie können sich natürlich nicht demonstrativ losreißen. Auf der Hut sollten Sie jedoch sein und bleiben.

- In einigen Fällen, wenn er körperlich über Sie hinausragt, wird während des Händedrucks die *andere* Hand auf Ihre Schulter gelegt. Wenn Ihr Gegenüber altersmäßig Ihr Vater hätte sein können, *spielt* er körpersprachlich auch die Vaterrolle. Ist er Ihr Altersgenosse, dann ist es der Händedruck eines freundlichen Despoten. Aufgepasst also!!!

- Registrieren und akzeptieren Sie die innere Bedeutung der Begrüßung und warten Sie, bis Sie sitzen. Dann werden Sie genügend Gelegenheit bekommen, die Gleichwertigkeit wieder herzustellen.

- Es gibt im benachbarten Ausland, z. B. in Belgien, einen Händedruck, der durch Erziehung eingeätzt wurde. Da wird die Hand manchmal sehr schlaff zur Begrüßung gereicht, und man bekommt als europäischer Ausländer den Eindruck, einem charakterlosen Typ zu begegnen. Irrtum! Die Tradition der Klosterschulen hat diesen schlaffen zeremoniellen Händedruck, vor allem bei Mädchen, gefördert. Es handelt sich also um Anerziehung, nicht um eine angeborene Neigung.

3.5 Wohin setzen Sie sich vorzugsweise?

Es gibt Gespräche, die im Stehen geführt werden, in einer Wohnung oder Werkstatt oder Fabrikhalle, am Reißbrett oder im Labor. In einem späteren Kapitel werden wir noch auf solche Gespräche zurückkommen. Wir befassen uns in diesem Kapitel mit dem Gespräch am Schreibtisch.

Während seiner Einladung: „Bitte, nehmen Sie Platz!" oder „Setzen Sie sich!", zeigt der Gastgeber Ihnen einen Stuhl, der ihm gegenüber, an der anderen Tischseite steht.

Wir sehen diese Situation in Abbildung 18. Eine wichtige Feststellung: Dieser Stuhl stand schon da, bevor *Sie* ins Zimmer hereinkamen, verdankt seine besondere Position auch nicht ausgerechnet *Ihrem* Besuch. Weshalb diese Feststellung? Nun, weil Sie sich überlegen sollten, ob Sie diesen Stuhl nicht gleich erneut besser ‚positionieren‘ sollten, und zwar um die *konfrontale* Position gegen eine *angulare* umzutauschen. Diese Begriffe bedeuten:

- ‚Konfrontal‘= Gegenüber dem Gesprächspartner
- ‚Angular‘= Über Eck sitzend (im 90°-Winkel)

Den Unterschied sehen Sie in den Abbildungen 18 und 19.

Abb. 18: Konfrontale Position

Abb. 19: Angulare Position

Der Unterschied ist klar:

A. Die konfrontale Position betont die Barrikade, die während des Gesprächs aufrechterhalten bleibt.

B. Sie fördert und verstärkt die Gegensätze, nicht die Gemeinsamkeiten.

C. Es ist schwierig, in konfrontaler Position die mitgebrachten Unterlagen zu unterbreiten. Dies ist die ,sachliche' Rechtfertigung, sozusagen der ,Alibi-Grund, für die angulare Positionierung „Gestatten Sie, dass ich mich *hierher* setze? Das erleichtert für Sie die Analyse unserer Unterlagen!"

D. In der angularen Position können Sie auch die Körpersprache des Partners besser ,lesen', weil der Schreibtisch nicht länger Ihren Ausblick blockiert. Sehen Sie dazu Abbildung 20.

Abb. 20: Bessere Augenkontrolle in angularer Position

E. Falls Sie später im Gespräch gemeinsam mit dem Partner Ihre Unterlagen analysieren möchten, hat die konfrontale Position den Nachteil, dass Sie viele Schritte zurücklegen müssen, bevor Sie neben dem Partner stehen. Von der angularen Position aus stehen Sie mit nur *einem* Schritt neben dem Kunden, in der so genannten *parallelen* Position. Diese sollte am Gesprächsanfang vermieden werden, weil sie eine allzu aggressive Revierverletzung wäre.

Werden jedoch gemeinsam Einzelheiten analysiert und besprochen, dann ist die parallele Positionierung dazu am besten geeignet.

Abgesehen von den schon erwähnten Positionierungen gibt es noch die *diagonale* Position, die Sie im Geschäftsleben nur selten erleben. Sie bringt Gleichgültigkeit zum Ausdruck und zu gleicher Zeit verstärkt sie diese Gleichgültigkeit. Wenn in einem überfüllten Bahnhofscafé zwei unbekannte Personen einen Tisch teilen müssen, sehen wir diese diagonale Positionierung. Man versucht, den Kontakt – auch den feindseligen Kontakt – zu vermeiden.

Versuchen Sie aber einmal testweise Ihre leere Tasse oder Ihr leeres Glas auf der Tischplatte allzu sehr in seine Richtung zu schieben und abzustellen. Er wird reagieren als sei er von einer Wespe gestochen worden!

In einem Blick sehen Sie die vier möglichen Hauptpositionen in Abbildung 21.

Ich habe erfahren, dass meine allgemeine Empfehlung, gleich am Gesprächsanfang die ‚angulare' Positionierung zu bewirken, manchmal auf Widerstand stößt. Ist es nicht allzu frech?

Ist es nicht eine unzumutbare Revierverletzung? Ich meine: ‚Nein!'.

Vorausgesetzt allerdings, dass Sie das einfachere und bequemere Präsentieren Ihrer Unterlagen als Grund dafür erwähnen!

Einmal wurde ich von einem Seminarteilnehmer angefaucht, dies wäre ein unverschämtes Benehmen, wir hätten gefälligst den Stuhl *dort* zu akzeptieren, wo ihn der Kunde aufgestellt hatte.

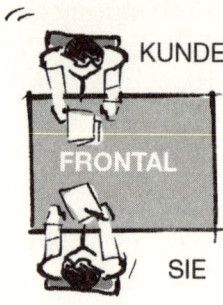 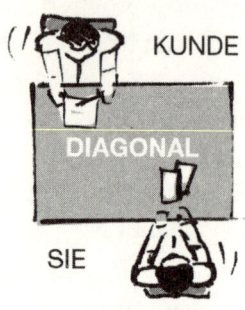

Abb. 21: Vier wichtige Positionierungen am Tisch

Es handelte sich hier allerdings um einen älteren Bürochef, der ein ausgezeichneter administrativer Filialleiter war, jedoch im Umgang mit den eigenen Mitarbeitern und mit dem Kunden jämmerlich versagte.

Die Gründe, weshalb einige Ihrer Kollegen die konfrontale Position im Prinzip bevorzugen, sind wahrscheinlich:

A. Auch *wir* fühlen uns hinter einer Barrikade manchmal sicherer und möchten erst mal abwarten, wie der Partner sich im Gespräch verhält. Diese Begründung halte ich für fehlerhaft, weil ich durch diese Positionierung das Verhalten des Kunden negativ beeinflusse.

B. Ein demonstratives Revierverhalten wie in Abbildung 22 könnte Vorsicht rechtfertigen. Hier ist die Haltung des

Partners jedoch schon so abweisend, dass uns nicht viel Schlimmeres passieren kann. Und macht nicht der Löwenbändiger einen Schritt *vorwärts*, wenn der Löwe knurrig seine Pranken zeigt?

C. An der Wurzel des Widerstandes liegt bei einigen Kollegen die Fehlauffassung, dass sie an erster Stelle die ‚Befehlsempfänger‘ des Partners sein sollten. Ich vertrete jedoch die Ansicht: Auch wenn wir Mitmenschen in aller Freundlichkeit entgegentreten, sind wir doch nicht ihre Dienstboten. Unsere *Dienstbarkeit* bezieht sich auf das gemeinsame Interesse, das wir im Gespräch anstreben.

D. Natürlich, wenn Sie überhaupt keine Unterlagen oder damit vergleichbare Verkaufshilfen mitgebracht haben, können Sie Ihre Neu-Positionierung nicht rechtfertigen. Dies wird jedoch nur sehr selten der Fall sein, denn *Sie* wissen, wie wichtig visuelle Hilfen sind, wenn Sie Mitmenschen überzeugen wollen. Diese Hilfen bringen Sie also normalerweise mit!

3.6   Die eigentliche Gesprächseröffnung

Die erste Begegnung und die Begrüßung durch den Partner haben wir nun hinter uns. Wir sitzen vorzugsweise in ‚angularer‘ Position am Schreibtisch und sollten das Gespräch eröffnen.
An anderer Stelle[9] erwähnten wir die Goldenen Regeln für einen solchen Gesprächsanfang.

A. Fangen Sie mit einem freundlichen Schweigen an, während Sie Ihre Dokumente und Unterlagen, einschließlich Ihres Kugelschreibers, in Ihrer direkten Nähe auf den Tisch legen, *nicht* allzu sehr in direkter Partnernähe.

Durch diese ,zeremonielle' Handlung wird *sein* Revier auf friedliche Weise auch zu *Ihrem* Revier. Es entsteht eine ,Reviergemeinschaft', vor allem weil Sie nicht gleich ,angreifen'.

B. Schauen Sie den Partner ruhig an und lächeln Sie kurz und freundlich! Ihr Lächeln ist für Sie, was Ihre Hosenträger für Ihre Hose sind.[10] Wenn Sie lächeln, sollte es nicht nur Ihr Mund sein.

Genau so wichtig sind beim Lächeln Ihre Augen, und dass Ihr Lächeln nur kurz dauert. Im Fernsehen kennen Sie vielleicht auch das starre und uneigentliche Dauerlächeln der Akkordeonisten in den so genannten Volksmusikantenscheunen.

,Streicheln' Sie nur kurz und oberflächig Ihren Partner während Sie lächeln.

C. Bringen Sie auf nicht unterwürfige Weise Ihre Freude über die persönliche Begegnung zum Ausdruck. Also bitte nicht: „Zuerst möchte ich mich herzlich bedanken, Herr Löwenstein, dass Sie mir einen Termin eingeräumt haben, damit ich Ihnen unsere Produktpalette zeigen kann."

Besser ist: „Es freut mich, Herr Löwenstein, Ihre persönliche Bekanntschaft zu machen."

D. Definieren Sie die Zielsetzung des Gesprächs mit dem Partner, und zwar immer als eine ,gemeinsame Untersuchung'. Zum Beispiel: „Ziel unseres Gesprächs ist, heute gemeinsam zu untersuchen und zu überprüfen, ob und wie ich Ihnen beim Verwirklichen eines kostensparenden Heizungssystems behilflich sein kann. Sind Sie damit einverstanden?" Indem Sie selbst die Zielsetzung vorgeben, übernehmen Sie auf akzeptable Weise die Gesprächsführung.

SIE DRINGEN IN EIN FREMDREVIER VOR ... WAS NUN?

E. Fragen Sie, ob der Partner Ihr Unternehmen dem Namen nach kennt. Falls er negativ auf diesen Namen reagiert, ist es besser, dies am Anfang des Gesprächs zu hören als erst am Ende oder vielleicht in der Mitte Ihrer Präsentation.

F. Tun Sie weiter alles, um eine ‚öffnende' Kommunikation zu fördern, bis Sie selbst entscheiden, dass eine solche Offenheit - zum Beispiel während einer harten Preisverhandlung - nicht länger erwünscht ist. In Abbildung 22 sehen Sie, wie Ihr Kollege durch das Kofferöffnen eine Barrikade zwischen dem Partner und sich selbst hochzieht. Wir sehen in Abbildung 23, wie eine ganz einfache Drehung des Koffers diesem Barrikadeneffekt vorbeugt.

Abb. 22: Barrikade *Abb. 23: Offenheit*

Noch besser wäre es, dank Selbstorganisation und Training imstande zu sein, den Koffer gleich ‚bei Fuß' zu stellen. Ohne Verlust des Augenkontaktes mit dem Partner sollten Sie den Inhalt nach Bedarf auf den Tisch legen können.

Sie sitzen jetzt am Tisch und haben Ihre Gesprächseröffnung hinter sich. Das wirkliche Verkaufsgespräch kann jetzt anfangen. Wir werden sehen, wie der Partner körpersprachlich reagiert, wenn er hört, was wir zu sagen haben.

SIE DRINGEN IN EIN FREMDREVIER VOR ... WAS NUN?

4. KÖRPERSIGNALE ÜBER TISCH UND SCHREIBTISCH

4.1 Die drei Hauptzonen des menschlichen Gesichts

Laut einer alten Volksweisheit ist das menschliche Gesicht der Spiegel der Seele. Sicherlich ist unser mimischer Gesichtsausdruck das wichtigste Hilfsmittel, um unsere Gefühle wortlos auszudrücken. Lachen und Weinen zeichnen sich durch unterschiedliche Mimik aus.

Auch Bewunderung und Geringschätzung, Zuneigung und Ablehnung, innere Sicherheit und Zweifel äußern sich jeweils in charakteristischen Gesichtsausdrücken.

Damit wir die Mimik[11] des Kunden systematisch ‚lesen' können, teilen wir das Gesicht in drei Hauptzonen ein.

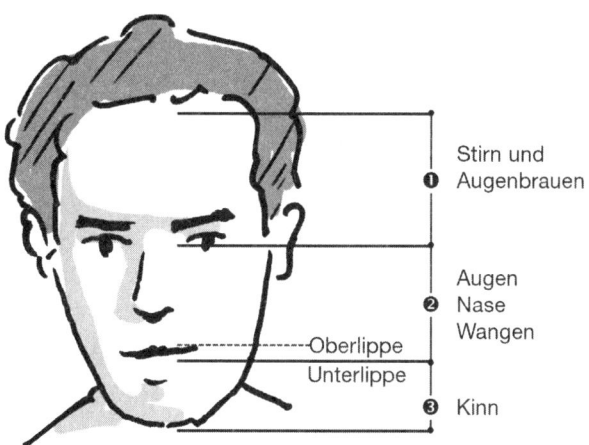

Abb. 24: Die drei Gesichtszonen

Die obere Zone Nr. 1:

Sie umfasst Stirn und Augenbrauen.

Das Kopfhaar bietet Männern und Frauen die Möglichkeit, sich voneinander zu unterscheiden und in ihrer Gruppe Individualität anzustreben.

Im fortschreitenden Alter wird das Haar dünner, bei Männern entsteht die typische Glatzköpfigkeit.

60% der 50-jährigen europäischen Männer haben eine fortgeschrittene Glatze. In unserer Kultur wird männliche Glatzköpfigkeit - obwohl sie auch verspottet wird - manchmal unterbewusst mit männlicher Dominanz, Stärke und Intelligenz in Verbindung gebracht.

Hier entsteht ein körpersprachlicher Effekt, der unsere Mitmenschen irreführen kann.

Eine hohe Stirn bringen wir unbewusst in Zusammenhang mit intellektueller Überlegenheit. Unser Urvater Gnom Ugh hatte eine kleinere Hirnmasse und deswegen eine niedrige Stirn.

Die mittlere Zone Nr. 2:
Sie umfasst Augen, Nase, Wangen und Oberlippe, wie auch unsere Ohren.

Üppige, buschige Augenbrauen sind wiederum unbewusst erfahrene Merkmale einer starken Männlichkeit. Augenbrauen spielen eine wichtige Rolle beim Vermitteln einer Änderung unserer Laune. Frauen haben eher die Neigung zum Epilieren oder Rasieren der Brauen. Die Augen sind die Tore zur menschlichen Seele. Ich habe die Unterschiede zwischen dem weiblichen und dem männlichen Blick schon erwähnt. Es ist interessant zu wissen, dass unsere Pupillengröße nicht von unserem Willen abhängig ist. Es ist falsch zu sagen, dass unsere Köpersprache nicht zum Lügen imstande ist, auf unsere Pupillen trifft es jedoch zu.

Im Gegensatz zu den verwandten Primaten haben unsere Augen ein weißes Feld, das unmittelbar verrät, in welche Richtung wir schauen. Form und Größe unserer Nase werden wahrscheinlich auch genetisch-klimatisch bedingt. Die Urahnen der Wüstenvölker hatten große hervorragende Nasen, diejenigen die aus einem warmen und feuchten Klima stammten, hatten flache breite Nasen.

Glatzen, Augenbrauen und Nasen können uns unbewusst irreführen. Es hat sogar eine Menschentypologie gegeben, die auf Parallelen der tierischen Ausdrucksweisen basierte. Obwohl diese Theorie sich als vollkommen unwissenschaftlich herausstellte, liegen diese Fehlauffassungen tief in unserer Seele verankert.

Eine Habichts- oder Adlernase soll Stärke und Aggressivität suggerieren. Eine Stupsnase erweckt Kinderliebe.

Der Mund ist der meist aktive und expressive Teil unseres Gesichtes, vielleicht unseres ganzen Körpers. Stimmungen und Launen werden meistens durch unsere Lippen zum Ausdruck gebracht. Die Unterlippe gehört jedoch zur 3. Zone.

Unsere Ohren spielen keine so aktive Rolle, sie werden jedoch manchmal zum Anfassen durch die Hände benutzt. In asiatischen Kulturen betrachtet man sie oft als ‚Sessel der Weisheit‘. Buddha wird z. B. deswegen meistens mit großen Ohrläppchen abgebildet.

Über die Wangen brauche ich nur zu wiederholen, dass sie das Körpersignal der Schamröte abgeben können.

Die untere Zone Nr. 3:

Sie umfasst Unterlippe und Kinn.

Ein stark ausgeprägtes hervorstechendes Kinn wird unbewusst als Zeichen von Stärke und Entschlossenheit erfahren, ein zurückfließendes Kinn erweckt den Eindruck der Weichheit und Schlaffheit. Wie gefährlich es ist, diesen Eindrücken Glauben zu schenken, kann der ‚gesteuerte‘ Bartwuchs sein. Dem berühmten satirischen irischen Dichter George Bernhard Shaw (1856-1950) sagt man nach, dass er sein ‚schlaffes‘ zurückfließendes Kinn durch ein keckes hervorragendes Bärtchen tarnte.

Diese Beschreibungen sollen davor warnen, Körperbau und Körpersprache kritiklos miteinander zu mischen und dadurch zu einer falschen Diagnose zu verführen.

4.2 Die Bedeutung des Augenkontaktes

Der Gesichtsausdruck gehört zu den ersten und am deutlichsten wahrnehmbaren Signalen in unserer Kommunikation, sicherlich in einer Kultur wie der unsrigen, in der ein ‚Augenkontakt' mit dem Gesprächspartner die allgemeine Regel ist. Die menschlichen Gesichtsausdrücke sind dann auch so allgemein bekannt, dass Sie kaum eine weitere Behandlung erfordern. Nur kurz erwähnen wir den Beitrag der so genannten ‚Neurolinguistischen Programmierung' (NLP), einer ‚therapeutischen' Schule, die uns empfiehlt, anhand des Augenstandes und der Augenbewegungen unseren Sprachgebrauch zu gestalten.

Visuell eingestellte Gesprächspartner überzeugt man am besten, indem man eine Sprache benutzt, die auf visuellen Eindrücken basiert.

Auditiv eingestellte Gesprächspartner sollte man mit auditiven Worten ansprechen.

Kinästhetisch (etwas einfacher gesagt: *motorisch*) eingestellte Gesprächspartner sind offener für eine Sprache, die sich auf Bewegungen und Handlungen bezieht.

Hier finden Sie einige Beispiele der sprachlichen Unterschiede:

Visuell
– Das sieht gut aus.
– Liebe auf den ersten Blick.
– Es hat unübersehbare Folgen.
– Wir tappen im Dunkeln.
– Etwas einleuchtend behandeln.
– Neue Perspektiven eröffnen.
– Etwas mit anderen Augen ansehen.
– Vom Schicksal gezeichnet sein.

Auditiv

– Das hört sich gut an.
– Seine Idee fand Widerhall.
– Ich spitze die Ohren.
– Wir bringen es in Einklang.
– Dies ist aber unerhört.
– Ein ausgesprochener Gegner.
– Ein offenes Ohr finden.
– Die erste Geige spielen.

Kinästhetisch

– Ich begreife es.
– Es ist einfach unfassbar.
– Ein schwerwiegendes Argument.
– Hemdsärmel hochkrempeln.
– Dies bietet einen Halt.
– Über eine Schwelle treten.
– Wir stehen unter Druck.
– Wir müssen gleich zuschlagen.

Für die detaillierte Behandlung dieser – unserer Meinung nach nicht immer ganz pragmatischen – Lehre, die allenfalls als Mode-Erscheinung nicht unerwähnt bleiben sollte, weise ich auf die spezialisierte Fachliteratur hin. In Abbildung 25 zeige ich nur die bekannteste Zeichnung aus dem NLP-Bereich. Sie gibt die Augenpositionen des Gesprächspartners wieder.

Im Falle einer visuellen Erinnerung sollte Ihr Gesprächspartner (von Ihnen aus gesehen) rechts hochgucken. Im Falle einer visuellen Phantasie sollte er nach links hochgucken. Die Bedeutung der anderen Augenpositionierungen ergibt sich aus der Zeichnung.

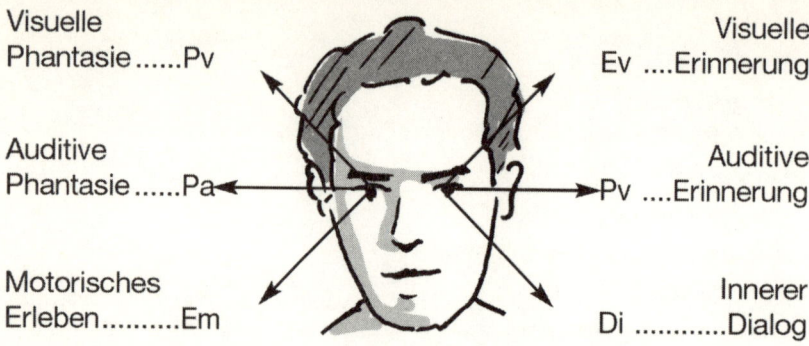

Visuelle Phantasie......Pv	Visuelle Ev ....Erinnerung
Auditive Phantasie......Pa	Auditive Pv ....Erinnerung
Motorisches Erleben..........Em	Innerer Di ....Dialog

Abb. 25: Die Bedeutung des Blickwinkels laut NLP

Da die meisten Gesprächspartner zu gleicher Zeit visuell sowie auch auditiv und motorisch veranlagt sind, halte ich die ausführliche Behandlung der Blickrichtungen des Kunden für ziemlich geziert und die ihnen angedichtete Bedeutung für übertrieben.[12] Es ist jedoch klar, dass der Blick der Augen wichtig ist. Der arabische Suk- oder Basarverkäufer tritt seinen Kunden immer sehr nah und schaut auf ihre Augen. So stellt er fest, wie interessiert der künftige Käufer ist und dementsprechend unterbreitet er seinen Angebotspreis.

4.3 Körpersignale haben oft mehr als eine Bedeutung

Sie werden in diesem Kapitel sehen, dass viele Körpersignale mehr als nur *eine* Bedeutung haben können. Diese Bedeutung kann man jeweils nur im Zusammenhang mit anderen gleichzeitig abgegebenen Signalen feststellen. Dies trifft für die Körpersprache wie auch für die Mundsprache und Schriftsprache zu.

Ein Beispiel: Die Bedeutung des Wortes ‚Läufer' ist voll und ganz vom umgebenden Text abhängig. Der ‚Läufer' kann ein Leichtathlet, ein Handballspieler, ein Bote, eine Schachfigur, ein schmaler Teppich, ein Maschinenteil, ein Mauerstein oder ein Jungschwein sein.

Das Wort hat also acht Bedeutungen, die nur im Kontext, das heißt, im Zusammenhang mit anderen Worten und Satzteilen, klar hervorgehen.

Mit dem in der Kommunikationstechnik allgemein empfohlenen ‚Lächeln‘ ist es körpersprachlich nicht anders gestellt. Falls das Lächeln des Kunden mit freundlich strahlenden Augen und Grübchen in den Wangen kombiniert wird, dürfen wir es als freundlichen Ausdruck deuten. Ein Lächeln, mit einem eiskalten oder stahlharten Blick präsentiert, deutet eher auf berechnende und gefährliche Feindseligkeit hin.
Weil wir im Alltagsleben mit der Mimik unserer Gesprächspartner bestens vertraut sind, haben wir schon im jugendlichen Alter gelernt, mit unserer Mimik zu ‚heucheln‘ und somit unsere Eltern und andere Erwachsene irrezuführen.

Als allgemeiner Grundsatz gilt: Je näher sich ein Körperteil an der Steuerzentrale ‚Gehirn‘ befindet, um so besser kann dieses Instrument der Körpersprache bewusst regissiert werden.
Achten wir deswegen zuerst auf die Arme und Hände des Kunden. Diese sind schon weiter von der Steuerzentrale entfernt.

4.4 Die Sprache der Arme und Hände

Die Gestik der Hände, im Zusammenspiel mit der Mimik, ist der wichtigste Schlüssel zu den nicht ausgesprochenen Gedanken und Gefühlen des Gesprächspartners. In Abbildung 26 finden wir alle Signale der Abneigung und des Widerstandes vereint. Der Darsteller hat auf meine Bitte hin sehr dick aufgetragen!

Abb. 26: Widerstand und Geringschätzung

Die Arme sind über den Brustkorb verschränkt. Der Kopf ist so positioniert, dass der Gesprächspartner auf uns herabsieht. Widerstand, Abneigung und Geringschätzung werden auf diese Weise ausgedrückt.

Es wäre jedoch eine Fehlauffassung zu meinen, dass verschränkte Arme *immer* eine geistige oder seelische Barrikade zum Ausdruck bringen. In Abbildung 27 sehen Sie sechs verschränkte Armpaare, die jeweils eine andere Stimmung oder Einstellung ausdrücken.

– Umfassen die Hände gespannt die gegenüberliegenden Unterarme, dann bedeutet dies: *Wachsamkeit.*

– Werden die Hände auf den jeweils gegenüberliegenden Oberarm gelegt, dann bringt dies *Geringschätzung* zum Ausdruck.

– Bleiben beide Hände zwischen Unterarmen und Brustkorb versteckt, ist dies ein Zeichen der *Gleichgültigkeit.*

– Werden die Hände ruhig in die gegenüberliegende Ell-

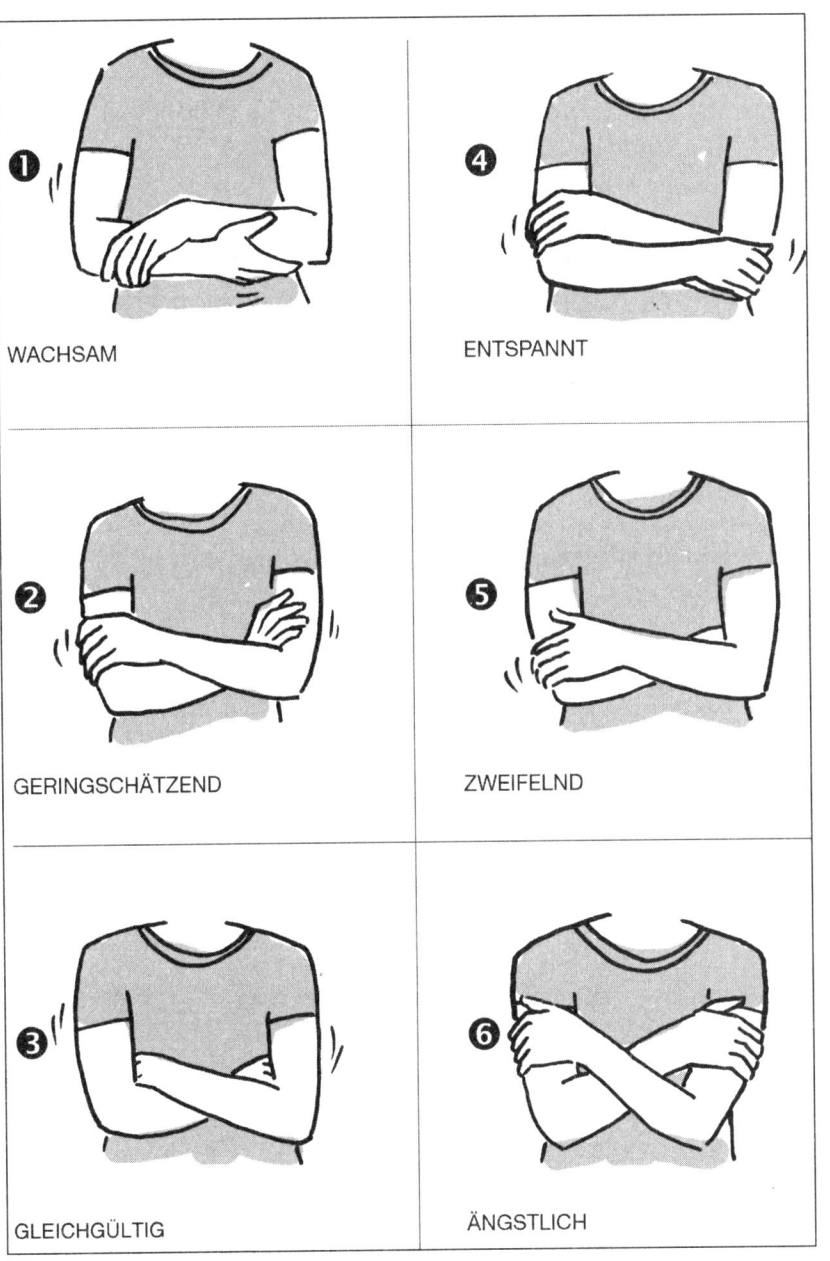

Abb. 27: Spielvarianten der Arme und Hände

bogenzone gelegt, handelt es sich eher um eine abwartende *Entspannung.*

– Bleibt *eine* Hand verborgen, bringt dies *Zweifel* und *Verunsicherung* zum Ausdruck.

– *Zurückhaltung, Angst* und *Abneigung* führen zu einer Gestik, bei der die Hände den jeweils gegenüberliegenden Oberarm umklammern. Diese Gestik bringt bei Frauen oft einen Drang zum Selbstschutz zum Ausdruck.

Klar ist jedoch, dass die Verschränkung der Arme eines Gesprächspartners immer wenig Engagement verrät.

Wachsamkeit und Misstrauen bringt unser Gegenüber auch in Abbildung 28 zum Ausdruck. Seine Hände werden zu einem ,lebendigen Piktogramm'! Er zieht eine Grenze. „Bis hier und nicht weiter dürfen Sie gehen. Diesseits der Hände liegt *mein* Revier. Betreten Sie es nicht!"

Abb. 28: Grenzmarkierung   *Abb. 29: Igelstellung*

Sehen Sie, wie er in Abbildung 29 mit seinen Händen eine ,Igelstellung' aufgebaut hat? Er ist unnahbar und unzugänglich für unsere

Argumente. Eine Fortsetzung der Argumentation würde nichts bringen.

Weniger defensiv erscheint uns der Gesprächspartner in Abbildung 30. Der Eindruck könnte jedoch täuschen. Er lächelt zwar, doch mit seinen Händen fasst er seinen Revers an und hebt beide Daumen - phallische Symbole seit eh und je.

Der Daumen ist das herkömmliche Kraftsymbol der Männlichkeit und der Unterdrückung der Unterlegenen, wie der Ausdruck: ‚Unter dem Daumen halten' schon vermuten lässt.

Der Daumen wird also manchmal aus Imponiergehabe erhoben oder anders zur Schau gestellt. In diesem Fall bringt diese typisch männliche Gestik eine nur anscheinend freundliche und aalglatte Selbstgefälligkeit zum Ausdruck. Dieser Mensch wird nur schwierig durch Argumente zu überzeugen sein. Er ist vollkommen glücklich mit seiner aktuellen Lage ... und mit sich selbst!

Bei Frauen kommt diese Gestik sehr selten vor. Fehlende Revers sind dafür nicht der *wesentliche* Grund, wie Sie aus der Unterschrift der Abbildung 30 ersehen.

Abb. 30: Phallisches Imponiergehabe

Zum Thema ‚Imponiergehabe' noch Folgendes: In der Tierwelt wie auch in unserer menschlichen Welt, in der man Mitmenschen überzeugen und eventuell seine Wünsche durchsetzen will, ist körpersprachliches Imponiergehabe ein Bestandteil der tagtäglichen Kommunikation. Dabei hat unser Gesprächspartner meistens einen ‚Heimvorteil'. Es ist für uns Besucher sehr gefährlich, im Revier des anderen ein betontes Imponiergehabe zur Schau zu stellen, weil es die Aggressionen des Gesprächspartners fördert.

Ein Imponiergehabe des Angesprochenen darf also *nicht* mit der ‚Spiegelung' einer ähnlichen Gestik beantwortet werden.

Ich betone dies, weil man aus der gängigen NLP-Literatur leicht ableiten könnte, dass man unter allen Umständen das Verhalten des anderen ‚spiegeln' sollte. Das ‚Spiegeln' abweisender oder aggressiver Körpersignale kann leicht zu einer Eskalation der Feindseligkeiten führen.

Recht aggressiv wird unser Gesprächspartner, wenn sich aus der ‚Igelstellung' seiner Hände in Abbildung 29 der ‚Pistolenschuss' der Abbildung 31 entwickelt. Mit beiden Zeigefingern werden Sie anvisiert. Bereiten Sie sich auf eine aggressive, bissige oder sogar beschuldigende Bemerkung vor. In verschiedenen lateinamerikanischen Ländern wird der Zeigefinger als ‚Pistolenfinger' bezeichnet. Kein Zufall, wahrscheinlich.

Abb. 31: Pistolenschuss   *Abb. 32: Deckenstreifzug*

Betrachten Sie jetzt bitte das Zusammenspiel von Kopf, Armen und Oberkörper in Abbildung 32.

Es bringt Zweifel und Verunsicherung des Angesprochenen zum Ausdruck. Sein Blick streift an der Decke umher, hat den Kontakt mit uns ganz verloren. Streift sein Blick aber wiederholt die Ausgangstür, dann ist die Botschaft deutlich. „Wann *geht* er endlich?"

Die durch die „Berufsmissbildung" der Beredsamkeit beeinflussten kommunikativ Tätigen sind gut beraten, wenn sie ihre Argumentationsfreudigkeit bremsen und eine ‚öffnende Frage' stellen. Diese stellt meistens den Augenkontakt wieder her und bringt den anderen zum Sprechen über seine Zweifel oder seine Probleme.

4.5   Keine deutliche Abwehr, trotzdem ...

Ein Augenkontakt existiert bestimmt mit dem Kunden unserer Abbildung 33. Er hört zu, allerdings mit sehr viel Zurückhaltung. Seine Haltung bringt kritisches Interesse zum Ausdruck.

Abb. 33: Kritisches Interesse   *Abb.34: Aufmerksamkeit*

Im Vergleich zu den vorhergehenden Körpersignalen ist dies eine günstigere Ausgangslage, die jedoch eine öffnende Frage unsererseits

erfordert. Denn wenn der Gesprächspartner kritisch und misstrau-
isch ist, verlieren wir durch einen Monolog den Rest unserer Glaubwürdigkeit.

Große Aufmerksamkeit stellen wir fest, wenn der Kunde – wie in
Abbildung 34 – seine beiden Hände zusammengelegt vor dem Mund
hält, die Ellbogen auf dem Schreibtisch stützend.
Wahrscheinlich lösen unsere Worte in ihm Fragen und Bemerkungen aus, die er jedoch nicht äußert. Oft deutet diese Position der
Hände auf nicht ausgesprochene Gedanken hin.
Wir halten uns dann zurück und möchten den Gesprächspartner
erst voll und ganz ausreden lassen. Auch dies ist für uns eine Früh-
warnung.
Sobald wir gesagt haben, was wir vorhaben, ist eine Frage unsererseits wieder angemessen. Diese wird den anderen aktivieren, und er
wird uns seinerseits wahrscheinlich eine wohlüberlegte Gegenfrage
stellen.
Es gibt zwei Situationen, in denen ich allen Kollegen empfehle, sofort ruhig zu schweigen.
In Abbildung 35 schließt der Gesprächspartner die Augen und greift
mit seiner Hand die Nasenwurzel.

Abb. 35: Verwirrung,
geistige Überlastung

Abb. 36: Schläfrigkeit, Angst,
Meditation?

Vielleicht haben unsere Worte für ihn so viele neue Elemente erbracht, dass ihre geistige Verarbeitung ihn verwirrt. Seine Gestik sagt: „Genug! Ich sollte jetzt erst ruhig nachdenken können!" Wir sollten ihm jetzt die Zeit zum ruhigen Nachdenken geben. Wenn Sie hier eine Schweigepause einlegen, wird er den Kontakt mit Ihnen bestimmt wieder aufnehmen.

Wahrscheinlich wird er Ihnen sagen, was ihn verwirrt hat.

Und was halten Sie von der körpersprachlichen Äußerung in Abbildung 36? Den Kopf nach vorn gebeugt, schließt er die Augen und hält seine Arme vor dem Brustkorb verschränkt.

Wenn wir davon ausgehen, dass er keine schlaflose Nacht hinter sich hat und dass Ihre Stimme weder fade noch klanglos war, deuten diese Körpersignale auf Nachdenklichkeit hin.

Eventuell auf eine Angst, der Zukunft ins Auge zu schauen ...

In der arabischen Kultur würden diese Signale auf eine Meditation deuten, in der japanischen Kultur auf ein ganz intensives Zuhören. In Europa bremsen Sie auch hier Ihre Argumentationsflut. Unser Partner möchte jetzt lieber mit seinen Gedanken allein gelassen werden.

4.6 Signale der Verlegenheit und Verwirrung

In vielen Fällen schlagen wir in einem Gespräch neue Lösungen für eventuell bestehende Probleme des Geschäftspartners vor. Diese Lösungen sind für ihn bestimmt nach reiflicher Überlegung interessant, sie können jedoch anfangs eine leichte Verwirrung und Verunsicherung auslösen.

Denn *neue* Lösungen haben etwas Bedrohliches, besonders wenn der Ist-Zustand noch nicht als besonders gefährlich empfunden wird. In Abbildung 35 fanden Sie eine körpersprachliche Äußerung dieser Verwirrung. Es gibt auch *andere* Signale. Sie kennen den Ausdruck: „Sich die Haare raufen"? In Abbildung 37 sehen wir einen Partner, der Verwirrungs-, um nicht zu sagen Verzweiflungs-Signale abgibt.

Abb. 37: Männliches Unbehagen:
Haareraufen

Abb. 38: Weibliches Unbehagen:
Kettenspiel

Auch wenn der Kunde in seinem übrigen Verhalten keine Verunsicherung zeigt, vielleicht weil er durch Training gelernt hat, seine Körpersignale zu ‚beherrschen‘, ist ein flüchtiger Strich mit dem Kugelschreiber durch seine Kopfhaare meistens ein Beweis dafür, dass er innerlich gar nicht so sicher ist. Das Haareraufen ist eine typisch *männliche* Gestik. Seit der alttestamentarischen Episode von Simson und Delila[13] wissen wir, welche magische Urbedeutung die Kopfhaare des Mannes haben. Simson war ein unschlagbarer Riese, bis ihm Delila im Schlaf ‚die sieben Locken seines Hauptes geschoren hatte‘. Das *weibliche* Äquivalent des Haareraufens ist das Spielen mit einer Halskette, wie in Abbildung 38 zu sehen. Vielleicht versucht diese Frau, sich aus einer ‚Sklavinnenkette‘ zu befreien?

Denn Ketten gehören nicht nur zum weiblichen Schmuck, sie waren jahrhundertelang auch ein Symbol der Sklaverei.

Ein weiteres weibliches Äquivalent des männlichen Haareraufens zeigt das Daumen- und Zeigefingerspiel mit einer Lockenspitze: langsam ausrollen und wieder zusammenrollen.

Das Streicheln der eigenen Frisur, in der Psychoanalyse oft als Zeichen des *Narzissmus* betrachtet[14], sollte bei Frauen häufiger als bei

Männern vorkommen. Dies, obwohl Narkissos ein schöner griechischer Jüngling war, der sich in das eigene Spiegelbild verliebte. Ich werde es in einer der nächsten Abschnitte dieses Kapitels behandeln. Jetzt aber zurück zum männlichen Kunden.

Es kommt gelegentlich vor, dass er jeden Kontakt mit uns verliert und wieder die Decke zum Streifzug sucht, auf andere Weise jedoch als in Abbildung 32.
Die Hände unterstützen den Kopf, der Kunde lehnt sich zurück. Er ist mit seinen Gedanken ganz woanders. Sehen Sie Abbildung 39.

Abb. 39: Fern der Heimat   *Abb. 40 Unüblich für Frauen*

Abbildung 40 zeigt die gleiche Haltung einer Frau, obwohl sie in Anwesenheit eines noch unbekannten männlichen Gesprächspartners nicht oder nur sehr selten vorkommt. Drei Darstellerinnen, die ich zu dieser Körperhaltung verpflichtete, sagten unabhängig von einander, dass sie sich auf der Bühne oder vor der Kamera natürlich so verhalten würden, wenn die Rolle und die Regie es vorschrieben, dass sie im privaten Leben diese ,provozierende' Körperhaltung mit exponierten Busen und Achselhöhlen, gegenüber einem unbekannten Mann, lieber vermeiden. Frau exponiert ihre Brust nicht so herausfordernd. Frau sollte einem Mann nicht so viel ,Einblick' gönnen.

Auf diese typisch weibliche Zurückhaltung, auch wenn es sich keineswegs um Prüderie handelt, gehe ich im nächsten
Abschnitt kurz ein.

4.7 Noch einige typisch weibliche Signale

Wir haben also gesehen, dass es ‚typisch männliche‘ Körpersignale gibt, die von Frauen nur selten abgegeben werden. Dabei betone ich, dass Frauen diese Signale selbstverständlich abgeben *können*, wenn sie es wollen. Und dass sie es auch *tun* werden, wenn Sie in einer Männergemeinschaft um ihre Gleichwertigkeit und Gleichberechtigung ringen müssen.

Das Streicheln der eigenen Frisur ist eine unbewusste Handlung, die wir bei Frauen häufiger als bei Männern beobachten.

Wir sollten das ‚narzisstische‘ Streicheln der eigenen Frisur immer im Zusammenhang mit dem Spiel von Kopf, Augen und Mund deuten.

Die Dame unserer Abbildung 41 flirtet mit ihrem Gegenüber und ist einer Konversation gegenüber deutlich aufgeschlossen. Der Kopf neigt sich leicht zur Seite, die Augen schauen uns an, der Mund lächelt. Doch wie ‚aufgeschlossen‘ für unsere Avancen ist eine Frau beim Flirt wirklich?

Abb. 41: Flirtgehabe   *Abb. 42: Blanke Abneigung*

Was wir im Bild nicht mehr sehen, aus der Position des rechten Armes jedoch ableiten können: Der Ellbogen als Verteidigungswaffe ist parat. „Liebenswürdig dürfen Sie bleiben, Herr Bärenbaum! Ich mag Ihren Charme gern und Ihre Komplimente schätze ich. Aber halten Sie bitte anständigerweise Abstand!"

Nur wenig hat sich anscheinend geändert, wenn wir dieselbe Dame in Abbildung 42 betrachten. Nur biegt sie hier den Kopf zurück, so dass sie auf uns herabsieht.

Die Mundecken sind heruntergezogen und bringen eine schmollende Geringschätzung und Abneigung zum Ausdruck. Nur der Ellbogen bleibt auch hier als Stoßwaffe parat.

Die Unterschiede zwischen Frau und Mann sind in unserer Kultur immer kleiner geworden. Nur in einigen erwähnten kleineren Punkten gibt es noch Unterschiede. Sie beziehen sich meistens auf das Spiel mit dem Kopfhaar, auf das Hervorragen des Brustkorbes und auf das Öffnen der Achselhöhlen. Einem männlichen Gesprächspartner gegenüber wird eine Frau sich oft etwas reservierter als einer anderen Frau gegenüber aufstellen.

Dies bedeutet jedoch nicht, dass Frauen es im Kontakt mit einer anderen Frau immer leichter haben als mit einem Mann. Zwischen Frauen können instinktive oder intuitive Rivalitäten und Kontroversen bestehen, die nur auf eine andere Weise ausgetragen werden als es zwischen Männern üblich ist. Was uns aber die Fotos: ‚Abgrenzung', ‚Igelstellung', ‚Kritisches Interesse' und ‚Aufmerksames Zuhören' zeigten, hätten auch Darstellerinnen ungeändert vorführen können.

4.8 Ein Zusammenspiel: Hand, Oberlippe, Nase und Wange

Unsere Gesprächspartner sitzen während des ganzen Gesprächs nicht unbeweglich frontal - oder aber diagonal - am Schreibtisch. Unaufhörlich finden kleinere Bewegungen statt in einem Zusammenspiel der Hände und der verschiedenen Gesichtsteile.

Abbildung 43 zeigt uns einen Mann, der sehr aufmerksam und interessiert zuhört. Sein Zeigefinger zeigt auf sein Ohr, wie Sie es im Konzertsaal häufig bei Zuhörern beobachten.

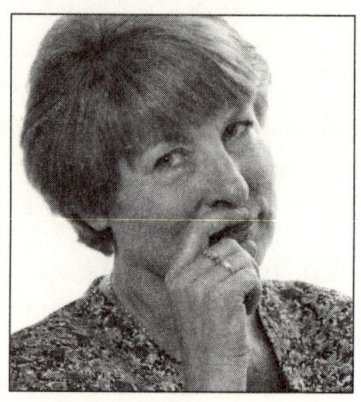

Abb. 43: Positive Konzentration

Abb. 44: Ein schlaues Kontern in Anbahnung

Normalerweise ruht sein Kinn auf dem Daumen, eventuell auf dem Glied des Mittelfingers, der Zeigefinger ist aufwärts entlang der Wange gestreckt. Wichtig für die gesamte Deutung dieser Körpersignale ist, dass unser Gegenüber Augenkontakt mit uns hat.

Dreht er seinen Blick von uns weg, dann *hört* er zwar aufmerksam zu, ist jedoch nicht mit dem, was wir sagen, einverstanden. Durch eine Frage mit anschließendem Schweigen lenken wir seinen Blick wieder auf uns zurück. Reibt er (oder sie) mit dem Zeigefinger langsam über die Oberlippe, wie in Abbildung 44 gezeigt wird, und guckt er/sie uns verstohlen an, dann wird eine ,schlaue' Bemerkung bzw. ein ,listiges' Kontern vorbereitet.

Ich stellte in einem vorigen Abschnitt schon fest, dass das Verbergen des Mundes durch eine Hand bedeutet, dass man etwas sagen könnte oder sogar möchte, den Moment dazu jedoch noch nicht für geeignet hält. Wir kennen das Abdecken der Lippen durch die Hand auch als Schreckensreaktion, wenn man realisiert, dass man nicht hätte sagen sollen, was man soeben geäußert hat. Auch in Abbildung 45 sehen wir, wie der Mund abgedeckt wird.

Der Partner spricht schon ‚innerlich‘ mit uns und setzt sich mit unseren Argumenten auseinander, ohne sich in Worten zu äußern. Sehr positiv können wir diese Zurückhaltung nicht deuten! Unser Gegenüber hat eine böse Bemerkung auf Lager, bleibt dabei jedoch beherrscht.

Abb. 45: Unfreundliche Bemerkung auf Lager *Abb. 46: Er schnaubt vor Wut*

Packt ihn eine zurückgehaltene Wut, dann hat er, während er uns anguckt, eher die Neigung, den Mund zu bedecken und gleichzeitig auch die Nase zu greifen. Innerlich ‚schnaubt er vor Wut‘ und die Explosion wird bald folgen! Weshalb die Wut? Das Gespräch könnte sich auf einen unsorgfältig erledigten Reklamationsfall beziehen. Oder er empfindet unsere gut gemeinten und freundlichen Aussagen als arrogant.

Auch das Wedeln vor dem Mund mit Gegenständen, in die er gelegentlich sogar beißt und die er zu zerkauen versucht, verrät eine emotionale Hochspannung, die sich in böser Aggression äußern wird. Wenn er Brillenträger ist, benutzt er dazu normalerweise seine Brille, wie in Abbildung 47.

Abb. 47: Die Brille als Schlagstock? *Abb. 48: Innere Verunsicherung*

Es ist nicht auszuschließen, dass er bei der Formulierung seiner Einsprüche diese Brille als ‚Handverstärker‘, als eine Art Schlagstock benutzt. Auf die Bedeutung eines Handverstärkers im Gespräch komme ich in Kapitel 6 zurück.

Eine Verunsicherungs- oder Verlegenheitsgeste ist das vertikale Reiben mit dem Zeigefinger an einem Nasenflügel. Die Dame in Abbildung 48 sagt damit im ‚inneren Dialog‘: „Vielleicht habe ich da eine dumme Bemerkung gemacht... Wie kann ich den Schaden begrenzen oder wiedergutmachen?"

Wie bei allen anderen ‚negativen‘ Körpersignalen bremsen wir unser Gespräch und stellen eine entspannende und öffnende Frage. In welche Richtung die Antwort gehen wird, haben wir aber schon vorher den Körpersignalen entnommen.

4.9   Achten Sie auch auf den NN-Winkel

Ein neuer Begriff[15] ist der NN-Winkel. Dieser Winkel verrät uns viel über die innere Einstellung des Angesprochenen. Um was handelt es sich aber, wenn wir vom NN-Winkel sprechen? Es handelt sich um den Winkel zwischen Nase und Nabel. Die Kurzandeutung ermöglicht auch ihre Benutzung in englischer, französischer oder anderer westeuropäischer Sprache. Die Nase des Kunden können wir sehen, seine Nabel zwar nicht, als aufgeklärte Erwachsene dürfen wir jedoch vermuten, wo er sich befindet. Schauen Nase und Nabel beide in unsere Richtung, dann ist der Winkel gleich 0°. Diese Situation wird in Abbildung 49 gezeigt.

Abb. 49: NN-Winkel = 0°:
Aufmerksame aktive Beteiligung

Abb. 50: NN-Winkel = 90°
Abweisung und Misstrauen

Dies deutet auf eine aktive Beteiligung am Dialog und auf eine große Aufmerksamkeit für unsere Aussagen hin. Dreht sich der Nabel weg, während die Nase noch immer auf uns zeigt, weil der andere uns wachsam anschaut, dann ist dies eine körper-sprachliche Äußerung der Abweisung und des Misstrauens. Sehen Sie jetzt in Abbildung 50, wie die Frau ihre Körperposition geändert hat. Weil es für uns wichtig ist, während des Gesprächs festzustellen, wie sich der NN-Winkel entwickelt, betone ich wiederholt die Bedeutung der Positionierung am Schreibtisch der Partner. In der konfrontalen Position der Abbildung 51 ist es fraglich, ob unser Kollege überhaupt feststellen kann, dass des Kunden NN-Winkel auf Abweisung deutet.

Abb. 51: Ein unbeobachteter NN-Winkel

Abb. 52: Ein wahrgenommener NN-Winkel

Sitzen wir angular, über Eck also, dann sind unsere Chancen, die Körpersprache des Kunden richtig zu ‚lesen', viel größer. Nicht nur sieht der Kollege in Abbildung 52 klar, wie sich der NN-Winkel entwickelt, er kann auch sehen, dass der Partner ganz vorne auf seinem Bürostuhl sitzt.

Eine unbequeme Fluchthaltung, die körpersprachlich bedeutet: „Ich möchte weg von hier! Dieses Gespräch hat mir gereicht!"

Wenn Frau und Mann auf einem drehenden Bürostuhl sitzen, bedeutet der NN-Winkel ein Wegdrehen des Beckens vom Gesprächspartner, er hat vielleicht archetypisch eine sexuelle Komponente für Frau *und* Mann. Becken, Beine und Füße sind weiter als Gesicht und Hände von der ‚Steuerkabine' des Großhirns entfernt und deswegen auch schwieriger *bewusst* lenkbar und regissierbar. Wir werden im nächsten Kapitel jedoch sehen, dass eine Beherrschung dieser körpersprachlichen Komponente für uns sehr sinnvoll ist.

Der NN-Winkel entsteht also, indem Becken und Hüfte sich vom Gesprächspartner abwenden. Dies trifft auch zu, wenn wir nicht auf einem Drehstuhl sitzen. Wenn wir mit einem Mitmenschen kom-

munizieren und wir schlagen beide das ‚Spielbein' über das ‚Standbein', dann verrät die Richtung des Spielbeins die Zuneigung oder
Abneigung des Gesprächspartners oder der Gesprächspartnerin. Ra-
ten Sie einmal, wer in Abbildung 53 den Kontakt *sucht* und wer diesen Kontakt *ablehnt*. Natürlich können wir es auch aus den Kopf-Po-
sitionierungen ableiten. Der Kopf ist jedoch besser bewusst steuerbar
und ‚heuchelt' deswegen auch leichter.

Abb. 53: Wer sucht den Kontakt,   *Abb. 54: Beide suchen den Kontakt*
wer lehnt ihn ab?

Wenn unser Sofa-Duett *gemeinsam* den Kontakt sucht, dann werden
die Spielbeine auch jeweils, wie in Abbildung 54 gezeigt, auf den
Partner oder die Partnerin gezielt.
Zwischen Frau und Mann unserer Abbildung 54 hat sich offensichtlich ein Wunder, das wir nicht nachvollziehen können, abgespielt.
Sie mögen sich jetzt gern! Ihre Spielbeine sagen es, auch wenn sie
sich noch nicht berühren.

4.10 Die ‚offene' Körperhaltung und der Augenkontakt

In den vorigen Abschnitten habe ich schon das unkritische ‚Spiegeln' der Körpersprache abgelehnt. Äußert unser Gegenüber durch seine Körpersignale Abweisung und Aversion, dann wäre die ‚Spiegelung' seiner Signale fatal, wie ich im 6. Kapitel dieses Buches noch einmal fotografisch vorführen werde.

Sind die Körpersignale aber positiv zu werten und bringen sie eine konstruktive und freundliche Gesinnung zum Ausdruck, dann sollten wir sie sinngemäß spiegeln. Das Wort *sinngemäß* füge ich absichtlich hinzu. Ein direktes Imitieren der Körpersprache könnte leicht den Eindruck erwecken, dass wir den Kunden spöttisch nachäffen, was auch von den Propheten des NLP nicht befürwortet wird. Die ‚offene' Haltung ist im allgemeinen zu empfehlen. Sie ist in Abbildung 55 zu sehen.

Abb. 55: Die Trage als Piktogramm   *Abb. 56: Was verpasst er?*

Der Sprecher stellt mit seinen beiden Händen das Piktogramm der ‚Trage' dar. „Für Ihre Ideen bin ich aufgeschlossen. Ich trage sie mit!", sagt er körpersprachlich.

Für das Deuten der Körpersignale unserer Gesprächspartner ist ein stetiger Augenkontakt, der jedoch nicht zu einem starrenden Auge-ins-Auge entarten sollte, sehr wesentlich. Als allgemeine Warnung zeige ich in Abbildung 56, was unser Freund rechts im Bilde an Körpersignalen verpasst, wenn er den ‚flüchtigen Augenkontakt' nicht handhabt.

Unser Kollege hat seinen Kopf in die Papiere gesteckt, statt seine Papiere im Kopf herumzutragen. Deshalb kann er, während er spricht, – besser gesagt: eine Vorlesung veranstaltet-, die Reaktionen seines Partners nicht wahrnehmen. Dessen Abwesenheit oder Schläfrigkeit wäre ihm sonst nicht entgangen. Dies noch abgesehen von der Tatsache, dass mangelnder Augenkontakt in *unserer* Kultur den Verkäufer als ‚unzuverlässig' prägt, was natürlich gar nicht der Fall sein muss.

Er braucht nur zu viel Aufmerksamkeit für seinen eigenen Text und seine eigenen Zahlen. Er versagt somit als Beobachter des Gesprächspartners.

4.11   Körpersprachliche Abschluss-Signale

In früheren, in diesem Kapitel in Fußnoten erwähnten Veröffentlichungen habe ich schon auf die Bedeutung der körpersprachlichen Abschluss-Signale des Kunden hingewiesen. Es handelt sich dabei um schnelle plötzliche Änderungen in Körperhaltung oder Gestik.

Ich wiederhole an dieser Stelle die anderweitig schon aufgelisteten Signale sehr kurz:

– Der anfangs während des Gesprächs zurücklehnende Zuhörer biegt den Körper plötzlich und ohne klaren Anlass über den Tisch nach vorn. Dies bedeutet: „Ich bin zu einer Entscheidung gekommen!" Diese Entscheidung kann allerdings positiv oder negativ ausfallen.

- Der anfangs während des Gesprächs über den Tisch nach vorn lehnende Zuhörer biegt sich plötzlich zurück. Auch dies hat die gleiche Bedeutung. Er entspannt sich!

- Er hört auf einmal nicht mehr zu, konzentriert seine Aufmerksamkeit auf einen von Ihnen mitgebrachten Gegenstand oder er nimmt Ihre eventuelle Dokumentation in die Hand. In diesen Fällen sollten wir unser Gespräch abbrechen und eine Kontrollfrage stellen. „Ich sehe, dass Sie zu einer Entscheidung gekommen sind, Herr Godefroy!" Antwortet Herr Godefroy uns: „Das sehen Sie völlig falsch, Herr Schmitz, mir tat nur der Rücken weh!" dann haben wir nichts verloren. „Welche ergänzende Informationen brauchen Sie dann noch, damit Sie entscheiden können, Herr Godefroy?" fragt der versierte Kollege ruhig.

Fazit der Schlussepisode dieses Kapitels: Falls wir ein Körpersignal wahrnehmen, lohnt es sich immer, eine Kontrollfrage zu stellen. Die Antwort darauf bestätigt oder verneint den Eindruck, den wir dem Körpersignal entnahmen. Dies ist wichtig, denn auch höchst qualifizierte Kollegen wissen, dass die Körpersprache uns genauso täuschen kann, wie viele mündliche Äußerungen des Partners, die man nicht *immer* richtig versteht und deutet.

IM STEHEN ODER IN EINER SITZECKE GEFÜHRTE GESPRÄCHE

5.1 Die Gefahr einer ‚gemütlichen‘ Positionierung

Nicht alle Gespräche finden am Schreib- oder Arbeitstisch des ‚Gastgebers‘ statt. Wenn er uns diese ‚Barrikade‘ auferlegt, können wir diese durch eine angulare Positionierung teilweise umgehen. Es gibt jedoch Gespräche, die in einer Sitzecke im Kundenzimmer geführt werden. Diese haben den Vorteil eines ‚gemütlicheren‘ Anfangs und – meistens auch – Ablaufs. Unsere Positionierung ist automatisch ‚angular‘ geworden und es sind keine Barrikaden zwischen dem Gesprächspartner und uns aufgestellt worden.

Es gibt aber im Leben keine Vorteile ohne Risiken und Nebenwirkungen, die wir vorzugsweise vermeiden möchten.
Falls Sie sich in eine gemütliche Sitzecke in einen komfortablen Sessel setzen, sollten Sie:

- Sich schnell davon überzeugen, ob es in der direkten Gegend einen Tisch oder Schreibtisch gibt, auf dem sich Zeichnungen, Muster, Berechnungen oder sonstiges Material leicht handhaben lassen. Sonst geht Ihre kommunikative Schlagfertigkeit an Gemütlichkeit zugrunde.

- Sich *so* setzen, dass Sie möglichst aufmerksam und beweglich bleiben. Die Gefahr eines komfortablen Sessels ist, dass Sie sich allzu ‚komfortabel‘ tief vergraben. Ihr körpersprachliches Ausdrucksvermögen wird dadurch gebremst. Setzen Sie sich also auf den vorderen Rand, so dass Sie – wenn Sie es wollten – leicht auffedern könnten.

- Wachsam darauf achten, ob eine ‚komfortable' Sitzposition Sie nicht wehrlos eventuellen Aggressionen aussetzt. Ihr Gastgeber ist vielleicht *noch nicht* Ihr Partner und Verbündeter. Es ist nicht hundertprozentig auszuschließen, dass der ‚bequeme Sessel' Teil einer berechnenden Verhandlungsstrategie ist.

- Vor allem ruhig aufstehen, wenn der andere sich von seinem Sessel erhebt! Sonst liegen Sie praktisch zu seinen Füßen, wenn er hin und her tigert und Sie im Sessel gefesselt sitzen oder sogar liegen.

- Besonders die Körpersprache Ihrer Beine unter Kontrolle behalten. In einer Sitzecke ist es sehr schwierig, ohne den Gesprächspartner in seinen Bewegungen zu behindern, Ihr Spielbein in seine Richtung zeigen zu lassen. Strecken Sie es in die freie Richtung, weg vom Kunden, dann hemmen Sie körpersprachlich die Konversation. Es gibt *eine* Lösung: Ihre Beine sollten leicht gespreizt nebeneinander stehen, Ihr Rumpf sollte leicht nach vorn gebeugt bleiben und Ihre Hände sollten Offenheit ausdrücken, wie ich es schon in Abbildung 55 zeigte.

5.2 Die Vorteile eines im Stehen geführten Gesprächs

Ein beiderseitig im Stehen geführtes Gespräch bietet Ihnen als Initiativnehmer des Gesprächs immer Vorteile in allen Fällen, in denen der Partner oder Gegner körperlich nicht wesentlich größer ist als Sie.

Die stehende Positionierung kann leicht eine zusätzliche dynamische Komponente bekommen, die aus Ihrer Warte nur zu begrüßen ist. Voraussetzung ist, dass Sie, wenn Sie sich anfangs in einer konfrontalen Position befinden, nicht bis in die Intimitätszone des Kunden vordringen. Die Vorteile des im Stehen geführten Gesprächs sind wie folgt programmiert:

Stufe 1: Sie bitten Ihr Gegenüber höflich, Ihnen bis zum Fenster zu folgen, damit er besser sehen kann, was Sie zeigen möchten.
Ihre Vorteile:

A. Er verlässt seine Barrikadenstellung, falls er vorher hinter seinem Schreibtisch saß.

B. Er ‚folgt‘ Ihnen im physisch-körperlichen Sinne. Dadurch wird Ihnen sein Geist auch leichter ‚folgen‘: Er akzeptiert Ihre Führung. Es ist überflüssig hinzuzufügen, dass Sie diese Führungsrolle nie *miss*brauchen sollten.

C. Ihr Gespräch wird dynamischer und verstärkt somit die Aufmerksamkeit des Kunden.

Stufe 2: Am Fenster stellen Sie sich *neben* ihn oder ihr auf.
Ihre Vorteile:

A. Sie befinden sich jetzt auf erlaubte Weise in seiner Intimitätszone, die während der Konfrontation eine ‚verbotene‘ Zone war.

B. Ohne ihn oder sie zu berühren, befinden Sie sich in der ‚Schulterschluss‘-Position der natürlichen Solidarität.

Stufe 3: Sie heben dasjenige, was Sie zeigen wollen hoch, so dass Ihr Partner zum von Ihnen Gezeigten hinaufschaut, und zwar in einem Blickwinkel von 30° bis 45°.
Ihre Vorteile:

A. Die Blickrichtung des anderen ist mit der Ihrigen ‚parallelisiert‘ und das gemeinsame Zuschauen verstärkt noch einmal die beiderseitige Solidarität.

B. Sie bauen in seinem oder ihren Geist leichter ein Wertbewusstsein auf: Die Begriffe ‚hoch‘ und ‚gehoben‘ haben nicht nur eine physische Bedeutung. Wenn wir sie auch innerhalb einer Wertskala benutzen, ist es nur deswegen, weil die Ausdrücke nicht von ungefähr kommen.

C. Weil der Gesprächspartner hinaufschaut, verliert er oder sie ein wenig das körperliches Gleichgewicht. Das *Cerebellum*, der hintere Teil unseres Gehirns (sehen Sie dazu Abbildung 57), reguliert die Koordination seiner Muskeln und sein Gleichgewicht. Beim Hinaufschauen kommen die drei Cerebellum-Lappen leicht in Bedrängnis. Wer sein Gleichgewicht verliert, sucht einen Halt! Sie stehen als Verkäufer neben ihm und können diesen Halt am besten bieten.

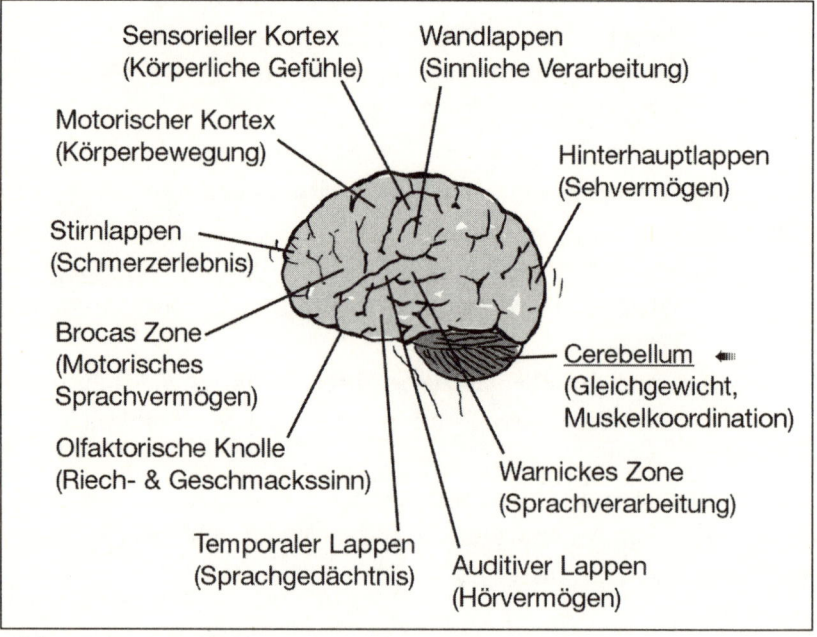

Abb. 57: Das Cerebellum in unserem Gehirn

Stufe 4: Ab diesem Moment fangen Sie erst mit Ihrem Gespräch bzw. mit Ihrer Vorführung und Argumentation an.

Ihre Vorteile:

    A. Sämtliche Voraussetzungen für eine optimale Einprägung Ihrer Argumente sind erfüllt.

    B. Ihre Stimmqualität ist im Stehen besser als im Sitzen, wie jeder Chordirigent weiß.

    C. Auch Ihre beiden Hände können Sie optimal einsetzen.

Stufe 5: Sie ,aktivieren' den Gesprächspartner während der Vorstellung und Vorführung, indem Sie ihn den Gegenstand anfassen lassen, indem er damit arbeitet oder spielt.

Ihre Vorteile:

    A. Sie übernehmen die Führungsrolle des Instrukteurs, verstärken somit Ihre Autoritätsausstrahlung und die Glaubwürdigkeit Ihrer Argumente.

    B. Indem der Partner ein Produkt oder Muster berührt, entsteht eine ,fluidale'[16] enge Beziehung zwischen ihm und dem berührten Produkt.

5.3 Weitere Einzelheiten über diese Vorstellungstechnik

Die Effekte des Vordrängens in die Intimitätszone des individuellen Kunden habe ich während des Trainings einer arabischen Mannschaft für verkaufsfördernde Aufgaben in Europa feststellen können.

Stufe 1: Der arabische Verkäufer, der den Radius von 60 cm der Intimitätszone seines Kunden in seiner Kultur nicht kennt, fängt sein Gespräch aus zu intimer konfrontaler Nähe an. Der Kunde macht unwillkürlich einen Schritt zurück.

Stufe 2: Der Verkäufer verringert den Abstand wieder, macht einen Schritt vorwärts, um die ursprüngliche Positionierung wiederherzustellen.

Stufen 3: Der Kunde weicht wiederum zurück und das Szenario wiederholt sich, bis der Kunde mit dem Rücken an der Wand steht.

usw...

Letzte Stufe: Dem Kunden ‚platzt' der Kragen vor Wut und Aggression, die sich nicht nur gegen den Verkäufer richtet, sondern auch gegen dessen Firma, Produkt oder sogar gegen die ethnische Gruppe, zu der der Verkäufer gehört.

Als sie intensiv trainiert waren und gelernt hatten, den Partnerabstand zu wahren, hatten sie mit deutschen Kunden keine Probleme mehr dieser Art. Hätten sie unsere Körpersprache, Wunschpositionierung und ‚Intimitätszone' vorher schon kennen müssen? Wissen wir und wissen unsere Kollegen alles über die Körpersprache der Völker, in deren Land *wir* etwas verkaufen oder anbieten möchten?

Was für diese arabischen Verkäufer zutraf, haben wir gelegentlich auch bei uns festellen können.

Die spontane Neigung zum ‚nähertreten' wird manchmal durch unsere eigene Begeisterung verstärkt, wenn wir Mitmenschen überzeugen möchten.

Der deutsche Ausdruck: ‚Jemandem zu nahe treten' hat aber die Nebenbedeutung: ‚Jemanden durch sein Verhalten kränken oder verletzen'. Wer seinen Gesprächspartner begeistert zu überzeugen versucht, hat die Neigung ‚auf ihn zuzugehen' und somit die Grenzen seiner Intimitätszone zu verletzen. Er ist aber noch nicht zu unserem Verbündeten geworden und *unsere* Begeisterung ist noch nicht die *seinige*! Die Produktvorstellung, die wir im Abschnitt 5.2 behandelt haben, zeigen wir in unseren Abbildungen 58 und 59.

Abb. 58: Angulare Position im Stehen

Abb. 59: Die Lupe als ,Instrumentierung'

Die Verkäuferin hebt das vorgestellte Produkt hoch. Die Positionierung ist ,angular', die Blickrichtungen sind jedoch ,parallelisiert'. In Abbildung 59 verstärkt die Verkäuferin ihre Körpersprache, indem sie eine Lupe benutzt, mit der sie den Blick des Kunden noch besser lenken und steuern kann. Die hier skizzierte Positionierung und die Benutzung einer Verkaufshilfe wie der Lupe haben natürlich nur dann Zweck, wenn man dem Kunden etwas Sinnvolles zu sagen hat.

Wer nichts zu sagen hat, dem nutzen auch die schönste rhetorische Gestaltung, die schönste Sprachmelodie und die kräftigste Gestik nichts.

Die bis jetzt in diesem Kapitel angedeutete Technik lässt sich *nur* einsetzen beim Anbieten von portablen Produkten oder deren Komponenten. Die Benutzung der Lupe ist nur *eine* denkbare ,Instrumentierung' im Verkaufsgespräch.[17] Wir haben in anderen Branchen und Bereichen andere Instrumentierungen empfohlen, wie z. B. ein Zentimetermaß, eine Stoppuhr oder ein Juwelenetui. Diese

DIE MACHT DER KÖRPERSPRACHE

Instrumentierung dient immer dazu, um unsere Körpersprache während des Gesprächs zu verstärken und einprägsamer zu gestalten.

Wer keine Produkte, Komponenten oder Muster anzubieten hat, kann einen ähnlichen Effekt, wie in Abbildung 59 gezeigt, auslösen, indem er Abbildungen und Farbfotos nicht in einem Album zeigt, sondern als Diapositive Bilder im *Viewmaster* vorführt. Mit Hilfe dieses Instrumentes können Sie den Gesprächspartner zum Mitgehen veranlassen, seinen Aufwärtsblick fördern und die Gesprächsführung besser ergreifen und behalten.

5.4 Abwechselnd sitzen und stehen

In den vorigen Abschnitten sind das Stehen und das Gehen schon als ‚dynamisierende' Elemente jeder Präsentation erwähnt worden. In einem ausgeglichenen längeren Gespräch sollte auf jeden Fall die Mischung von Sitzen und Stehen bewusst gehandhabt werden.
Nehmen wir als Ausgangspunkt die Abbildungen 60, 61 und 62.

Hier spricht ein Berater mit einer Kundin. Die Positionierung am Tisch ist in Abbildung 60 ‚angular'.

Abb. 60: Angular sitzen   *Abb. 61: Stehend den Blick führen*

Abb. 62: Im Stehen eine Frage stellen

Deswegen fällt es dem Berater nicht schwer, sich – an der Tischecke stehend – fast neben die Interessentin aufzustellen, wie uns Abbildung 61 zeigt. Weil er ihr mit seinem Kugel- bzw. Filzschreiber Lesehilfe leistet, ‚muss' sie also sitzen bleiben.

Dann stellt er aus stehender Position eine Frage, die sie aus sitzender Position hört und eventuell beantwortet. Dabei schaut sie natürlicherweise in seine Richtung hinauf. Wenn Sie den Abschnitt 5.2 gut gelesen haben, wissen Sie, weshalb der Berater diese Sequenz im Gespräch ‚regissiert' hat.

Falls die Dame von sich aus Fragen stellt, gibt es eine willkommene Möglichkeit für den Berater, sich neben sie zu setzen, um die Fragen zu beantworten. Die ‚parallele' Positionierung, die in Abbildung 62 gezeigt wurde, beinhaltet jetzt keine Revierverletzung mehr, sondern fördert die Solidarität. Denn wer die Antwort auf eine Frage gibt, wird als Helfer und Freund akzeptiert. Die parallele Positionierung unterstreicht dies nur.

5.5 Die Körpersignale eines stehenden Partners

Im vorigen Kapitel haben wir gemeinsam untersucht, auf welche Körpersignale Sie achten sollten. Ein stehender Gesprächspartner gibt, weil er seine größere Bewegungsfreiheit nutzen kann, seine

Körpersignale noch offensichtlicher ab. Dies kann ein Grund dazu sein, während einer Vorführung im Stehen nicht die extrem parallele Positionierung zu wählen, sondern auch hier Ihre Position angular anzuordnen, wie die Verkäuferin in Abbildung 58. Sie bewirken damit eine bessere Beobachtungsmöglichkeit. Auf welche Körpersignale sollten sie gefasst sein?

- Kopfhaltung: Zurückgebeugt, senkrecht, vorwärtsbeugend, zur Seite neigend?

- Arme: Über dem Brustkorb verschränkt? Hinter dem Rücken? In den Hüften?
  Hände: In der Hosentasche? Als Feigenblatt? Mit einem Gegenstand spielend? Zweihändig oder einhändig gestikulierend?

- Beine: Geschlossen? Gespreizt? Alternierend (von einem Bein auf das andere hüpfend? Auf den Zehen wippend? Mit einem Standbein und einem Spielbein?)

Diese im Stehen geäußerte Körpersprache behandele ich vereinzelt in Kapitel 7, in dem wir uns mit Ihrer Präsentation vor einer Gruppe befassen. Denn was für Ihre eigene Körpersprache vor einer Gruppe zutrifft, trifft selbstverständlich auch für den stehenden Kunden zu.

Ich zeige in Abbildung 63 eine Ärztin, in deren Praxisraum ein Pharmareferent ein neues Medikament vorstellt.
Körpersprachlich zeigt die Ärztin eine etwas misstrauische Einstellung. Sie deuten ihre Körperhaltung bestimmt nicht anders als ich.

- Sie ist hinter ihrer Schreibtischbarrikade zum Pharmareferenten hervorgekommen.

- Mit einer Hand stützt sie sich jedoch noch auf ihre sichere Festung, zu der sie den Kontakt nicht verlieren möchte.

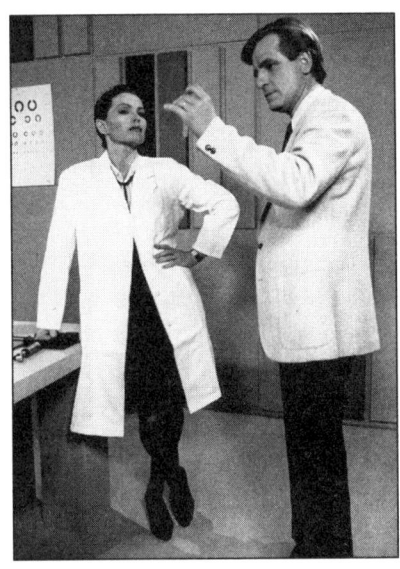

Abb. 63: Ärztin und Pharmareferent

– Das Zusammenspiel von Standbein und Spielbein zeigt eine wachsame defensive Einstellung. Das Knie hält sie als ‚Stoßwaffe' bereit.

– Durch die in ihrer Hüfte ruhende Hand hält sie auch die ‚Ellbogenwaffe' parat.

Trotz ihres Interesses für das gezeigte Präparat sucht sie Abstand und zeigt sogar eine bestimmte Arroganz. Bei einem männlichen Arzt hätte sich diese Einstellung körpersprachlich anders geäußert. Das zeigt Abbildung 80 auf Seite 128.

– Er hält die Hände auf dem Rücken.

– Er benutzt seine beiden Beine als Standbeine, eventuell wippt er auf seinen Zehen.

– Sein Kopf neigt sich etwas zurück, so dass er auf den Gesprächspartner herabschaut.

DIE MACHT DER KÖRPERSPRACHE

Selbstverständlich wird eine Ärztin sich in einer von männlichen Kollegen dominierten Klinik manchmal ‚imitativ männlich' benehmen und sich somit die typisch männlichen Körpersignale aneignen. In fast jedem menschlichen Verhalten sind ‚imitative' Komponenten, die das soziale Überleben sichern oder erleichtern, vorhanden.

Es ist die Kontrastwirkung innerhalb des Verhaltens einer einzelnen Person, die den Kontakt mit ihr erst so reizend machen kann.

In einem niederländischen Dorf, in dem ich vier Jahre meines Lebens verbrachte, gab es ein Speditionsunternehmen mit eigener Reparaturwerkstatt. Die Tochter des Inhabers arbeitete als LKW-Fahrerin und in der Werkstatt mit dem übrigen Personal zusammen.

Im ‚blauen Anton', konzentriert arbeitend, war sie ‚vollkommen Mann', und zwar lautsprachlich wie auch körpersprachlich. Wenn sie aber während einer Kaffeepause mit den Kollegen scherzte und lachte, war sie ‚vollkommen Frau'. Ihr Spitzname war deswegen nicht zufälligerweise ‚unsere *Jeanne d'Arc* '.

Die Unterschiede, die ich in verschiedenen Abschnitten dieses Buches zwischen Frauen und Männern feststellte, sollten aber in einer modernen Gesellschaft nicht überbetont werden.

Jetzt kehren wir zum Kunden-Arbeitszimmer des 3. Kapitels zurück und werden uns weniger mit der Körpersprache des Kunden als mit unseren eigenen Körpersignalen befassen.

6. WIE REGISSIEREN WIR UNSERE KÖRPERSIGNALE?

6.1 Synchronismus, Symmetrie, Kongruenz

Der Titel dieses Abschnitts bringt uns drei exotische Worte, die wesentlich einfache Begriffsinhalte andeuten:

A. ‚Synchron' bedeutet: ‚gleichzeitig', oder auch: ‚sich im gleichen Rhythmus vollziehend'. Wenn zwei Uhren ‚synchron' gehen, ticken sie im gleichen Rhythmus und schlagen die Stunden gleichzeitig. Dieser Begriff wird auch im Bereich der Körperbewegungen benutzt. Hier sind einige Beispiele:

- Der Ski-Langläufer ‚synchronisiert' seine Atmung mit den Bewegungen seines Körpers, seiner Arme und seiner Beine. Auf diese Weise bleibt er länger ‚fit' und ermüdet weniger auf Langstrecken. Vielleicht gewinnt er gegen kräftigere Mitläufer, die zwar auf Kurzstrecken die Nase vorn haben, auf Dauer jedoch die Puste verlieren und zurückbleiben.

- Beobachtet man zwei Verliebte, dann stellt man fest, dass viele ihrer Bewegungen ‚synchron' sind, d. h. im gleichen Rhythmus ablaufen. Ein gemeinsames Glückserlebnis fördert offensichtlich den Synchronismus. Wie ich schon früher feststellte, gibt es hier keinen Einbahnverkehr. Unsere innere Einstellung beeinflusst unser Verhalten. Unser Verhalten beeinflusst unsere Einstellung. Synchronismus fördert zweifelsohne das Glücksgefühl und die Solidarität.

- Wenn Soldaten oder friedliche Wandergruppen gemeinsam ein Lied anstimmen, fördert der rhythmische Gesang den Synchronismus der Bewegungen. Auch hier wirkt das solidarisierend.

- Wenn ein Masseur in einem ostasiatischen Land mit seiner Arbeit anfängt, versucht er zuerst, den Atemrhythmus seines Kunden festzustellen. Danach richtet er seinen eigenen Atemrhythmus. Erst wenn Synchronismus erreicht ist, fängt er mit der eigentlichen Arbeit an.

- Bevor in Japan eine Kaderbesprechung anfängt, nimmt man sich einige Minuten, um die Atmung der Gesprächsteilnehmer zu synchronisieren. Erst anschließend fängt man mit der Besprechung an, die harmonischer abläuft, als wenn man diesen Synchronismus vorher nicht erreicht hätte.

B. ‚Symmetrisch' bedeutet, dass zwei Teile eines Ganzen genau identisch – dabei aber gespiegelt – gestaltet sind. Während Synchronismus einen Zeitbegriff mit rhythmischem Inhalt darstellt, ist Symmetrie ein räumlicher Begriff. Es handelt sich um eine Gleichheit von Haltung, Mimik und Gestik bei zwei oder mehreren Personen.

- Eine amerikanische Verhaltensforscherin[18] stellte fest, dass Schüler sich anders bewegen, wenn sie ihren Lehrer mögen: Sie nehmen häufig eine ähnliche oder spiegelbildliche Haltung ein. Schüler, die den Lehrer nicht mögen, wählen ihre Körperhaltungen unabhängiger von ihm.

- Meine Mutter erzählte mir folgende Episode aus meinen Knirpsjahren. Mein Vater war ein Kriegsbehinderter und zog immer ein Bein nach. Als ich mit ihm spazieren ging, zog ich ‚imitativ' auch mein linkes Bein nach. Nicht um ihn zu verspotten, sondern weil dies die selbstverständliche Bewegung eines Spazierganges mit einer geliebten Person oder einer Respektsperson war.

- In einigen ostasiatischen Ländern deutet diese Symmetrie auf krankhafte Zwangshandlungen hin. In Indonesien sagt man in solchen Fällen: „Er ist latah". Ohne es zu wollen, sich sträubend und krampfhaft widerstrebend, äfft man die Bewegungen des Gegenübers – meist einer Respektsperson – nach, ohne dies selbst stoppen zu können.

Die Symmetrie in der Körperhaltung und in der Gestik wird in der Schule der Neurolinguistischen Programmierung bekanntlich als Spiegeln bezeichnet. Es gibt Fälle in jeder Kommunikation, also auch im Verkaufsgespräch, in denen das Spiegeln die Kommunikation und die positive Atmosphäre zwischen den Partnern fördert. Es erleichtert das Erreichen der gleichen Gefühle und der gleichen Auffassungen.

Abb. 64: Eine fatale Spiegelung der Körpersignale

Wie jedoch schon in einem vorigen Kapitel erwähnt, lässt das Spiegeln einer negativ geladenen Körperhaltung des Gesprächspartners die Aversion nur eskalieren. Das buchstäbliche Spiegeln, in Abbildung 64 gezeigt, ist sogar als fatal zu betrachten.

Achten Sie darauf, ob der Gesprächspartner Ihnen gegenüber zur Symmetrie neigt. Es ist oft eine unbewusste Äußerung, und Symmetrie = Sympathie könnte als Gleichung aufgefasst werden, es sei denn der Partner versucht, Sie zu veräppeln.

C. ‚Kongruenz' habe ich in einer Fußnote schon definiert. Es ist die vollkommene Gleichheit und Gleichförmigkeit der – in einer Person geäußerten – drei sprachlichen Bausteine: Textinhalt, Sprachmelodie und Körpersprache. Fälle der *In*kongruenz, d. h. fehlender Kongruenz, sind bekannt und ich habe sie schon angedeutet.

- Inkongruenz zwischen Textinhalt und Sprachmelodie tritt auf, wenn der Kunde z.B. mit lustloser Stimme murmelt: „Interessant, sehr interessant!" Noch deutlicher ist die Inkongruenz bei Ironie oder Sarkasmus. Der Partner bringt genau das Gegenteil seines textlichen Wortinhaltes zum Ausdruck. „Einen wunderschönen Kundendienst haben Sie!" Mit seiner Sprachmelodie äußert er eigentlich das Gegenteil vom textlichen Inhalt.

- Ich erwähnte schon das Beispiel des ‚unbewusst-absichtlichen' Verhaltens des Party-Gängers, der scheinbar animiert mit dem Gastgeber redet, während er mit seinem Schlüsselbund spielt. Hier besteht eine Inkongruenz zwischen dem verbalen und dem körperlichen Verhalten.

- Das Flirt-Gehabe wurde bereits in einer Abbildung gezeigt. Lustig-spöttische Augen, ein lächelnder Mund, eine Zunge, die kurz die eigenen Lippen streichelt, vielleicht sogar ein bewusst geförderter pikanter Einblick. Zusammengefasst: „Ich hätte Dich gern zum Liebhaber!" Aber Ellbogen und Knie sind abwehrbereit, denn wehe dem, der die Flirt-Einladung ernst nimmt.

6.2 Inkongruente Signale während des Gesprächs

Nicht alle Gesprächspartner hegen und pflegen *immer* den freundlichen und sympathischen Umgangston mit uns, nicht *alle* geäußerten Wünsche passen uns, obwohl wir nicht immer gleich „Nein!" sagen können oder dürfen. Es besteht oft ‚Inkongruenz' zwischen dem, was wir denken *dürfen* und dem, was wir sagen *müssen*.

Gelegentlich führt ein Kunde uns sein Imponiergehabe vor. Vielleicht werden wir dadurch wirklich beeindruckt. Angst oder Benommenheit zu zeigen, wäre jedoch fatal! In diesen Situationen ist eine meisterhafte Beherrschung unserer Körpersprache erforderlich, damit unser Körper nicht das Gegenteil von dem sagt, was unser Mund vermittelt!
Blättern Sie bitte einmal zu Abbildung 55 zurück, und stellen Sie sich vor, dieser Kunde sagt Ihnen: „Nein, Herr Schmitz, zu *diesem* Preis kaufe ich nicht! Das ist einfach *ausgeschlossen!*" Was sagen jedoch seine Hände, die offen auf dem Schreibtisch liegen?
Bringen Sie die ‚Entschiedenheit' der gesprochenen Worte zum Ausdruck? Keineswegs, Sie bringen eher zum Ausdruck: „Bitte, *tun* Sie was für mich! Sonst müsste ich *wirklich* zu Ihrem Preis kaufen... Wenn Sie hart blieben, müsste ich nachgeben!"
Im levantinischen Geschäftsleben sehen wir diese ‚Trage'-Position der Hände oft bei Preisverhandlungen. Sie ist eine Einladung, doch *bitte, bitte, bitte* weitere Konzessionen zu gewähren!

Auch Sie müssen in Ihrem beruflichen Leben Ihre Mitmenschen gelegentlich davon überzeugen, dass Sie auf ihre besonderen Wünsche nicht eingehen können, wollen und dürfen! Sie müssen und wollen eine Zugeständnis verweigern! Falls Sie bei solchen Aussagen das Händespiel der Abbildung 55 zeigen, wirken diese Aussagen unglaubwürdig. Damit sagen Sie körpersprachlich: „Herr Godefroy, was Sie jetzt von mir wünschen, ist zwar nicht ausgeschlossen, aber *bitte, bitte, bitte* akzeptieren Sie doch *meinen* Vorschlag!"

Herr Godefroy kann aus der Inkongruenz – man spricht auch wohl von ‚Dissonanz' – zwischen Mundsprache und Körpersprache ableiten, dass etwas in Ihrem Verhalten ‚klappert und klirrt'. Ihr Mund sagt ‚Nein!', Ihre Hände ‚Ja!' Der visuell eingestellte Mensch spricht von Inkongruenz, der auditive Mensch von Dissonanz.

6.3   Unterstützende und verstärkende Körpersignale

Insbesondere in Gesprächen, in denen etwas ‚verhandelt' werden muss, können wir uns keine Inkongruenz oder Dissonanz zwischen Laut- und Körpersprache erlauben. Sogar im Bereich der reinen Mundsprache kann es ‚unterschwellige' Dissonanzen geben. Man hört halb- oder unbewusst das dissonante (kursiv gedruckte) Wort im folgenden Satz.

„Nein, Herr Krahn, auf diesen Vorschlag kann ich *eigentlich* nicht eingehen..."

Kleine Wörtchen wie ‚eigentlich' oder ‚leider', insbesondere wenn es auch noch sprachmelodisch betont wird, ist für Herrn Krahn ein Grund, seinen Anspruch auf unser Eingeständnis nicht aufzugeben. Viel eindeutiger und stärker wirkt der Satz, wenn das Wort ‚eigentlich' gestrichen wird ...

„Nein, Herr Krahn, auf diesen Vorschlag kann ich nicht eingehen."

Wenn wir eine ablehnende Antwort mit Floskeln wie *eigentlich, leider, bedauern* schmücken, motivieren wir den Gesprächspartner zum Durchboxen seiner Ansprüche oder Wünsche. Auf jeden Fall fördern wir *sein* Bedauern und dies gibt dem Gespräch einen üblen Nachgeschmack. Wir sollten solche Floskeln, Nebenprodukte einer ‚guten Erziehung' aus unseren Kinderjahren, in den Mülleimer kippen.
Sie werden vom Gesprächspartner als Äußerungen der Schwäche und des Nichterwachsenseins gedeutet. Wenn wir uns durchsetzen wollen, weil unsere Pflicht oder unsere Interessen dies vorschreiben, sollten wir auch die entsprechenden Körpersignale aktivieren.
Hier ist eine kurze Szene aus dem Verkaufsbereich, wo bekanntlich viele Unterhandlungen stattfinden müssen.

Kunde Krahn: „Nein, Herr Arentz! Wenn dies Ihr letztes Wort hinsichtlich Ihres Preises war, räume ich Ihnen keine Chance für den Auftrag ein...!"

Herr Arentz [Wendet seinen Blick vom Kunden weg. Schweigt. Schüttelt missmutig den Kopf, als ob er mit sich selbst spricht. Er nimmt seinen Kugelschreiber auf und steckt diesen in seine Innentasche. Schließt kopfschüttelnd seinen Ordner. Schiebt seinen Stuhl 50 cm zurück, schaut den Kunden traurig an und sagt]: „Schade ... Herr Krahn ... Schade für uns beide...!"

Körpersprachlich hat er mit Hilfe des Kugelschreibers, Ordners und mit seinem Stuhl schweigend zum Ausdruck gebracht:

„Ich bin bereit, Herr Krahn, das Zimmer auch *ohne* Auftrag zu verlassen! Schade für uns beide!"

Es könnte aber sein, dass er gar nicht vorhat, das Zimmer ohne Auftrag zu verlassen. Seine Körpersprache könnte ,nur' Imponiergehabe sein! Weil Herr Arentz seine Gestik gut beherrscht, kann Herr Krahn nicht mit Sicherheit wissen, dass sie nur gespielt ist. Vielleicht war dessen letzter Satz auch nicht voll und ganz aufrichtig gemeint.

Wer glaubt, dass es im Einkauf und Verkauf immer ohne ,Pokern' zugeht, kennt sich im Geschäftsleben schlecht aus... Es bleibt unserem Kollegen Arentz noch immer die Möglichkeit folgender Fortsetzung:

> *Herr Arentz* [Wendet den Blick wieder zum Kunden. Schüttelt noch einmal den Kopf, nimmt dann plötzlich seinen Kugelschreiber aus der Tasche, und sagt, nach einem tiefen Seufzer, plötzlich:]
> „Gut, Herr Krahn, ich werde sehen, was ich für Sie tun kann ..."

In meiner Verkaufspraxis bin ich selbst von einem älteren Kollegen trainiert worden, der seinen letzten Preisnachlass immer nur an der Ausgangstür gewährte. Er packte langsam seine Sachen zusammen, bedauerte dem Kunden gegenüber, dass es nicht zu einem Auftrag kommen konnte und ging zur Tür. In 7 von 10 Fällen wurde er vom Kunden gebeten, sich doch wieder zu setzen und das Gespräch weiterzuführen.

In den übrigen 3 Fällen drehte er sich nach einigen Schritten mit den Worten um: „Nein, Herr Krahn, so lasse ich Sie nicht allein!" und setzte sich wieder an den Tisch.[19] Diese körpersprachliche Technik setzt eine schauspielerische Begabung und Ausbildung voraus, durch die sich Spitzenverkäufer auszeichnen!

Sie basiert allerdings auf zwei strategischen Grundüberlegungen, die zutreffen sollten, und zwar:

> A. Der Gesprächspartner ist sich bewusst, dass auch er Verlierer ist, wenn das Gespräch ohne Ergebnis abgebrochen wird.

B. Es kann sich bei Herrn Krahn um einen Testversuch handeln. Er möchte vielleicht ausfindig machen, wie schwach oder stark Herr Arentz innerlich als Verhandlungspartner ist.

C. Herr Krahn kann als Grundprinzip immer eine Preiskonzession verlangen, weil er dadurch nichts zu verlieren hat.

In Verhandlungen sind ‚Scheinbewegungen' als Imponiergehabe eher die Regel als die Ausnahme. Dies trifft nicht nur für Preisverhandlungen zu. Wer beobachtet, wie Arbeitgeber und Arbeitnehmer über Tarife verhandeln, wie Kriegsgegner zu Friedensgesprächen kommen, wie Koalitionsparteien die Kabinettstruktur vorbereiten, der sieht, dass das Verlassen des Verhandlungstisches bzw. dessen Vorbereitung zur normalen Verhandlungspraxis gehört. Wie ich schon am Anfang dieses Buches feststellte:

- Ein *schriftlich* festgelegtes Wort können wir in seinen Konsequenzen praktisch nie für ungeschrieben erklären. Es ist durch Festlegung ‚verewigt'.

- Ein *gesprochenes* Wort bleibt auch noch längere Zeit im Raum hängen. Wenn wir es ‚zurücknehmen', bleibt das Echo trotzdem schweben ...

- Ein ‚*gebärdendes*' Wort kann man praktisch unmittelbar zurücknehmen, um anschließend weiterzuverhandeln, als ob nichts passiert wäre. Unsere Wendigkeit setzt sich in der Körpersprache viel schneller durch.

Auf ähnliche Weise kann es vernünftig sein, den Verhandlungstisch, an dem man weniger Federn ließ als man vorher befürchtet hatte, körpersprachlich als ‚Verlierer' zu verlassen, damit Ihr Gegenüber nicht noch nachträglich glaubt, er hätte eigentlich durch Beharrlichkeit *mehr* Vorteile erringen können. Wir brauchen nicht zu heulen oder zu jammern, wie man es im arabischen Suk oder Basar macht. Aber durch Mimik und Gestik eine leichte Enttäuschung vorzugeben, ist zu empfehlen. Eine Siegerpose wäre für Ihre künftigen Beziehungen zum Kunden fatal!

Deswegen verlässt Herr Arentz - obwohl er mit seinem Verhandlungsergebnis mehr als glücklich ist - mit einem traurigen Gesicht und mit gesenktem Kopf den Verhandlungsraum.

6.4 Wie verstärken Sie mit Ihrer Gestik Ihre Worte?

Wir bleiben beim Thema ‚Verhandlung'. Wenn Sie entschieden „Nein!" sagen müssen, sollte Ihre Stimme freundlich und höflich bleiben. Aber die Gestik sollte Ihre Unerbittlichkeit zum Ausdruck bringen. In Abbildung 65 sagt Herr Arentz: „Nein, Herr Krahn, eine solche Kondition ist *ausgeschlossen*!"

Seine Hände machen die Bewegung einer Schere, die etwas abschneidet. Ein lebendiges und bewegendes ‚Scherenpiktogramm' also.

Abb. 65: Die Schere   *Abb. 66: Der Doppelschild*

Weniger aggressiv und nicht weniger effektiv wirkt in einem solchen Fall der ‚Doppelschild', mit dem Arnold Arentz ein „Halt!"-Piktogramm gibt und das Vorwärtsdringen des Kunden stoppt: „Lieber Herr Krahn, jetzt gehen Sie mit Ihren Anforderungen zu weit!", sagt er.

Weshalb ein Doppelschild? Weil er *beide* Hände dazu benutzt.

Wichtig ist bei ‚Schere' und ‚Doppelschild', dass die Bewegung nur einmal durchgeführt wird. Sonst verliert sie ihre ‚endgültige' Bedeutung. Hinzu kommt, dass die wiederholte ‚Schere' wie ein ‚Flattern' wirkt und im Kunden ein schlummerndes ‚Raubtier' weckt.

Eine Wiederholung des ‚Schildes' wirkt außerdem wie eine hilflose Kapitulationsgeste! Der ‚Einzelschild' wirkt weniger eindeutig und endgültig, wie wir in Abbildung 67 sehen können.

Abb. 67: Der Einzelschild   *Abb. 68: Der Hammer*

Während die eine Hand das Piktogramm des Schildes gestaltet, bleibt die andere Hand auf dem Schreibtisch ruhen. Liegt sie wie fragend geöffnet da, dann ist dies ein klares Signal, dass Herr Arentz Herrn Krahn um weitere Vorschläge bittet.

Entschieden dürfen unsere körpersprachlichen Äußerungen sein, sie dürfen Herrn Krahn jedoch nicht unnötig reizen und ihn zum

Gegenangriff herausfordern. Dies täte der ‚Hammer‘, den wir in Abbildung 68 sehen. Nur wenn im Gespräch ein gemeinsamer Kampf gegen einen gemeinsamen Gegner oder Feind behandelt wird, können wir eine ‚solidarische‘ Aussage durch einen Hammerschlag verstärken.

Gelegentlich beobachten wir im Fernsehen Politiker, Parlamentarier oder Gewerkschaftsführer, die ihre Standpunkte und Meinungen durch die Hammerbewegung mit zusätzlicher Kraft ausstatten möchten. Weil sie ihre Körpersprache jedoch noch amateurhaft regissieren, wiederholen sie die Hammerbewegung im festen Rhythmus. Dadurch entsteht der etwas komische Eindruck der ‚Pumpe‘. ‚Wenn Du auf Öl stößt, Vadder, dann sag‘ es uns!‘ würde ein Berliner dabei denken.

Fazit: Auch die Hammerschlag-Bewegung hat nur den eventuell erwünschten Kraftakt-Effekt, wenn sie einmalig eingesetzt wird. Bei ständiger Wiederholung bringt sie nur Ohnmacht zum Ausdruck.

Ein ‚Sprachverstärker‘, der einen schwächeren Bruder vielleicht beeindruckt, Herrn Krahn jedoch unnötig reizt, ist das ‚Hackmesser‘ in unserer Abbildung 69. Mit dieser Geste sagt ein autoritärer Vorgesetzter: „Schluss mit der Diskussion! Fertig, aus!!! Anderes Thema, bitte!"

Abb. 69: Das Hackmesser

Abb. 70: Die Greifklaue

Auch Herr Arentz will hier zum Ausdruck bringen: „Es hat keinen Zweck, über diese Sache weiter zu reden, Herr Krahn! Machen wir Schluss mit dieser Diskussion!" Die Geste kann sehr effektiv sein, aber Vorsicht ist zu empfehlen, Sie könnten in Ihre eigene Hand hacken!

Unser Kollege gibt Herrn Krahn in Abbildung 70 körpersprachlich bekannt, dass er etwas ,ergreifen' möchte. Diese Geste sollte im Verkaufsgespräch auf jeden Fall vermieden werden.
Sie führt bestenfalls zu einer verkrampften Selbstverteidigung des Partners, oder aber - wenn es sich um eine starke Person handelt - zu einem gnadenlosen Gegenangriff.

Auch der gehobene Zeigefinger gehört in unseren Gesprächen zu den ,verbotenen' Gesten! Er hat etwas Belehrendes und macht den Besitzer zum ,Schulmeister'. Bei allem Respekt für diesen Berufsstand ist er nicht die beliebteste Person im Gedächtnis der meisten Mitbürger.
Der Finger wirkt außerdem machtlos, deswegen das Diminutiv: ,Stäbchen'. Nicht auszuschließen ist, dass Herr Krahn, in dem gelegentlich ein ,Raubtier' steckt, die Neigung hat, diesen Finger abzubeißen. Unsere lieben Eltern hatten doch Recht, als sie uns beibrachten, nie mit dem Finger auf eine Person zu zeigen.

Abb. 71: Das Stäbchen

Abb. 72: Der wirkliche Taktstock.

Falls Sie es für sinnvoll halten, ähnliche Imponiergebärden zur Verstärkung Ihrer Worte einzusetzen, dann ist es besser, einen wirklichen Stab zu benutzen.[20] Nehmen Sie dazu Ihren Kugel- bzw. Filzschreiber und unterstreichen Sie gelegentlich Ihre Worte mit einer einfachen Bewegung Ihrer ‚bewaffneten‘ Hand. Bei einer Aussage wie: „Dies ist besonders wichtig für *Sie*, Herr Krahn...“, zeigt Herr Arentz mit seinem ‚Stab‘ auf seinen Gesprächspartner. Die Neigung zum ‚Abbeißen‘ wird jetzt *nicht* ausgelöst oder gefördert.

Der Vergleich ist etwas gewagt und könnte leicht missverstanden werden. Trotzdem sage ich Ihnen: Der Dompteur im Käfig zeigt seinen Lieblingen ihre Plätze auch nicht mit dem nackten Zeigefinger, sondern mit einem Stab, den er übrigens *nie* zur Züchtigung benutzt. Wenn der Stab im Verkaufsgespräch *richtig* benutzt wird, erweckt er keinen Widerstand oder Widerwillen. Deswegen empfehlen wir als die beste Ausgangsposition für ein körpersprachlich optimal geführtes Gespräch: Eine Hand als ‚Ruhehand‘ auf dem Schreibtisch, die andere Hand als ‚Arbeitshand‘ mit einem Stab (Kugel- bzw. Filzschreiber) ausgestattet.

Im nächsten Kapitel über die Präsentation vor Gruppen komme ich auf diese Begriffe zurück. Bedenken Sie weiter, dass die gestische Unterstützung der Mundsprache mit nur *einer* Hand kräftiger und überzeugender wirkt, als ein simultanes Flattern mit beiden Händen. Nur bei Südländern ist der ‚Flatterdialog‘ so eingebürgert, dass er kein besonders aggressives Kontern mehr auslöst. Aber auch da entdecken erfahrene Redner, dass gestische Übertreibung ihrer Sache schadet.

Ich zeige in Abbildung 73, wie Herr Arentz ein winziges Objekt wie einen Filzschreiber als ‚Barrikade‘ einsetzt.

Eine direkte Frage von Herrn Krahn beunruhigt und verunsichert ihn offensichtlich. Denn er dreht seinen Kugelschreiber pausenlos zwischen Daumen und Zeigefinger während er nachdenkt und spricht. Winzig wie er ist, ist der Kugelschreiber schon eine defensiv gemeinte Abgrenzung, eine schwache und zerbrechliche Barrikade.

Abb. 73: Schwache Barrikade

Abb. 74: Mangelnder Augenkontakt

Was Herr Arentz hier sagt, wirkt dadurch unglaubwürdig, zumal er auch den direkten Blickkontakt mit dem Gesprächspartner vermeidet. *Wie* unglaubwürdig eine Antwort ohne diesen direkten Blickkontakt wird, können Sie in Abbildung 74 festellen. Dieses Foto ergänzt eigentlich die Abbildung 56, in dem unserem Kollegen das Gähnen von Herrn Krahn während des Gesprächs einfach entgeht. In der westlichen Welt ist der offene Blick eine wichtige Voraussetzung für Glaubwürdigkeit und Überzeugungskraft.

Abb. 75: Die Pinzette

DIE MACHT DER KÖRPERSPRACHE

Wenn der Partner eine Frage stellt und wir möchten den Eindruck einer glaubwürdigen Präzision erwecken, empfiehlt sich sogar die Gestik der ‚Pinzette' wie in Abbildung 75 gezeigt.

Herr Krahn hat eine Frage gestellt und Herr Arentz gibt eine klare Antwort. Die ‚Pinzette' seiner Finger betont die Exaktheit seiner Angaben, und er steigert somit gestisch seine Glaubwürdigkeit.

6.5 Wiederholte Warnung vor Übertreibung

Für sämtliche verstärkende Handbewegungen trifft zu, dass wir uns vor einem Übermaß hüten sollen. Ich habe schon betont, dass die Schere endgültig, d. h. ‚einmalig' sein sollte. Dasselbe gilt für Schild, Hammer und Hackmesser.

Übertreibung schadet unserer Überzeugungskraft. Dies trifft auch für unsere Mundsprache zu: Eine ausführliche Auseinandersetzung als Antwort auf eine kurze Frage wirkt wegen ihrer Ausführlichkeit eben unglaubwürdig.

Verunsicherte Menschen haben manchmal die Neigung, zu viel zu reden, um damit ihre innere Unsicherheit zu übertünchen. Ein Übermaß an Worten wird vom Kunden als Schaumschlägerei gedeutet. Dasselbe trifft auf unsere Gestik zu.

Gut gekonnt Reden ist nicht mit viel Reden gleichzusetzen. Gut gekonnt Bewegen äußert sich nicht in *vielen* Bewegungen. *Ein* vereinzeltes und betont geäußertes Wort ist oft kräftiger als ein Wortschwall. Hüten wir uns also in der Körpersprache vor einem Gestikschwall!

7. DIE KÖRPERSPRACHE WÄHREND DES GRUPPENVORTRAGS

7.1 Ihre Positionierung während des Gruppenvortrags

Wenn Sie im Zusammenhang mit der Thematik dieses Buches vor einer Gruppe auftreten, haben Sie die Absicht, die Anwesenden zu überzeugen und zu ihrer Entscheidung beizutragen. Diese Zielsetzung trifft nicht für jeden Auftritt vor einer Gruppe zu. Es ist möglich, dass Sie einen einfachen informativen Vortrag halten wollen, in dem Sie Zahlen und Fakten vermitteln. Darüber hinaus wollen Sie mit Sicherheit auch ein wirkliches Interesse an Ihrem Vortrag erwecken.

Es ist auch denkbar, dass Sie nur vor der Gruppe stehen, um Informationen zu sammeln. Möglicherweise sind Sie ein Moderator, der nur gruppendynamische Entwicklungen fördern möchte. Auch in *diesen* Fällen nutzt es Ihnen, die empfohlenen Verhaltensregeln dieses Kapitels anzuwenden.

Sehr wichtig sind diese Verhaltensregeln, wenn Sie vorhaben *andere* Zielgruppen als Kunden, z. B. innerbetriebliche Mitarbeiter oder kirchliche, ideologische und politische Gruppen zu überzeugen und zu motivieren.

Wir sollten auch bedenken, dass es im Gespräch vor und mit einer Gruppe nur sehr selten zu einer Entscheidung kommt, während wir im Einzelgespräch schneller eine Entscheidung unseres Gegenübers ansteuern können.

Wahrscheinlicher ist es, dass Ihre Gruppenpräsentation nur einen Abschnitt des ganzen Entscheidungsvorganges darstellt, in dem die wirkliche Entscheidung vorbereitet wird.

Ihr erstes Problem, wenn Sie mit einer Gruppe sprechen, ist – genau wie im individuellen Verkaufskontakt – die ‚Positionierung'.

Im Gruppengespräch ist diese jedoch ganz anders zu handhaben als im Einzelgespräch. Dies erklärt auch, weshalb wir, wenn wir im individuellen Gespräch unverklemmt und unbefangen mit dem Gesprächspartner reden, vor der Gruppe zu ,einem anderen Menschen' werden. Warum werden wir auf einmal vom Bühnenfieber heimgesucht und können uns oft nur verklemmt und verkrampft äußern?

– Die erste Ursache dafür ist der größere Raum rund um den Präsentator. Die Sprachgeschwindigkeit, die Sprachmelodie und die Lautstärke müssen ,räumlich' angepasst werden. Zwar braucht man seine Stimme nicht zum Donnerhall zu erheben, man kann jedoch auch nicht ,normal' sprechen, wie man es beim Kunden, Chef oder Kollegen in deren Arbeitszimmer tagtäglich praktiziert.

– Auch die Körpersprache sollte auf einen Großraum eingestellt werden und dies erfordert eine Anpassung. Würde man die für das Gruppengespräch optimale Kombination von Sprachgeschwindigkeit, Sprachmelodie, Lautstärke und Gebärdenspiel für ein normales Einzelgespräch einsetzen, dann bezichtigte man uns einer ,theatralischen Melodramatik'. Vor einer Gruppe ist eine leichte ,Übertreibung', die man selbst manchmal als gekünstelt oder ,unnatürlich' erfährt, angemessen. Der größere Raum erfordert größere Bewegungen.

– Der nächste Punkt bezieht sich auf eventuelle Barrikaden, die auch im Einzelgespräch mit einem Gesprächspartner erfolgsschädigend wirken können. Ich empfehle, vor einer Gruppe auf jegliche ,Hilfe' in Form eines Katheders, Lesepultes oder Ähnlichem zu verzichten. Es handelt sich nämlich nicht um *Hilfen*, sondern im Gegenteil um *Behinderungen*. Ein Gruppengespräch soll keine Vorlesung sein! Einen Vorlesungstext kann man den Gruppenmitgliedern über die Schneckenpost oder über E-Mail schicken.

Man *sieht* nicht nur, ob ein Redner seinen Text aus freier Rede spricht oder aber von einer Vorlage abliest, man *hört* es auch, weil die Vorlesestimme gehemmter und verkrampfter als eine freie Sprechstimme ist!

– Sie meinen vielleicht, dass Sie - weil jedes Wort während einer Gruppenpräsentation schwerer wiegt als im Einzelgespräch - einen Spickzettel mit Stichworten brauchen und suchen deswegen die ‚Unterstützung‘ eines Rednerpultes? Viel praktischer und aus der Warte Ihrer Zuhörer angenehmer ist es, dass Sie Ihre Stichworte auf Folien schreiben oder drucken. Diese werden vom Tageslichtprojektor[21] auf die Leinwand projiziert. Sie sind zu gleicher Zeit Ihre Gedächtnisstützen und für Ihre Zuhörer Aufmerksamkeitsstützen. Sie können auch eine Blättertafel, die Sie vorher mit Stichworten beschriftet haben, benutzen. Welche Hilfe Sie einsetzen wird auch von der Gruppengröße abhängig sein. Vor kleineren Gruppen empfehle ich meistens die Blättertafel, weil der Tageslichtprojektor wie eine Barrikade zwischen Gruppe und Sprecher wirkt. Es kann jedoch sein, dass Sie den Anwesenden eine Fülle farbiger Zeichnungen oder graphischer Darstellungen zeigen möchten. Dann ist der Tageslichtprojektor Ihr ausgewiesener Verbündeter. Viel gefährlicher ist schon die Elektronik, die zwar wunderbare technische Errungenschaften zeigt, die aber den Redner zum Diener, nicht zum Herrn der visuellen Hilfen macht. Je ‚primitiver‘ und einfacher die Hilfsmittel sind, umso besser und wichtiger kann sich der sprechende Mensch entfalten.

– Auch die Sitzordnung der Gesprächsteilnehmer kann ‚barrikadierende‘ Effekte haben. Abbildung 76 zeigt die wichtigsten Möglichkeiten einer Tisch- und Sitzordnung.

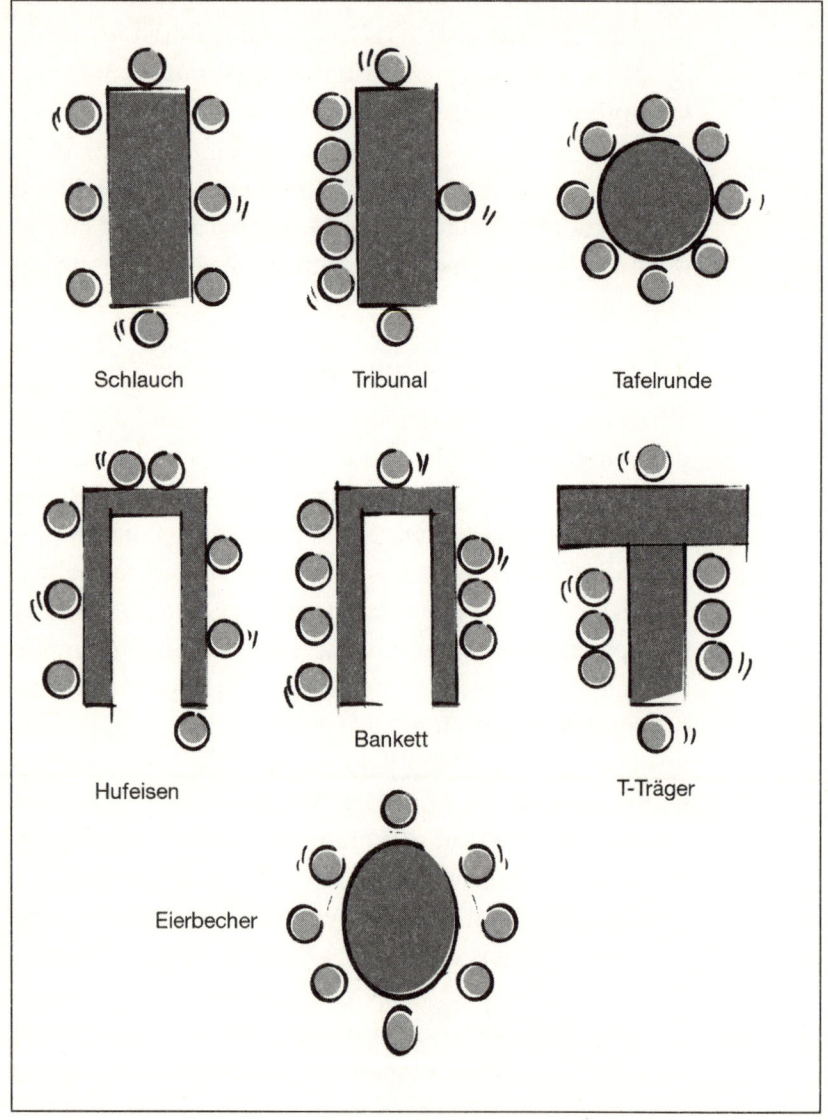

Abb. 76: Die wichtigsten Tischordnungen für das Gruppengespräch

DIE KÖRPERSPRACHE WÄHREND DES GRUPPENVORTRAGS

- Die *Schlauch*-Ordnung garantiert Ihnen zwar am Kopf des Tisches die archetypische privilegierte Stellung eines ‚Machthabers'. Sie hat dafür aber den Nachteil, dass Ihre Gruppe leicht in einen Vortrupp und eine Nachhut auseinanderfällt. Außerdem bedenken Sie: Wenn Sie sich im ‚Revier' der eigentlichen Hausherren befinden, könnte die ‚Machthaber'-Stellung einen verstärkten unbewussten Widerstand auslösen. Hinzu kommt, dass Sie in einer Gruppe fast immer mit ‚Widerständlern' und Verbündeten zusammentreffen. Wenn eine Person Ihr ‚Freund' ist, wird ein anderer schon deswegen Ihr Gegner.

  Ihre ‚passiven' Gegner setzen sich vorzugsweise ‚auf die hintere Bank' und somit wird es schwierig, sie zu erreichen.

- Der *T-Träger* verstärkt die Nachteile der Schlauch-Ordnung, weil der Quertisch eine zusätzliche Barrikade bedeutet.

- Die *Tribunal*-Ordnung verursacht und verstärkt Antagonismen zwischen Gruppe und Sprecher. Hier herrscht ein deutliches Gegenüber statt eines Nebeneinanders vor. Sie bedeutet eine Konfrontation in Reinkultur. Verhandlungen zwischen kämpferisch-gegnerischen Gruppen finden fast immer in ‚antagonistischen' Positionen statt. Falls diese Ordnung unvermeidlich ist, versuchen Sie nicht, in der Mitte Ihrer Tischseite zu bleiben, sondern stellen Sie sich vorzugsweise an eine Ecke, wodurch die Schlauch-Ordnung annähernd erreicht wird.

- Die *Tafelrunde* nimmt Ihnen die erforderliche Autoritäts-Ausstrahlung und erschwert auch den Blickkontakt mit benachbarten Gesprächsteilnehmern. Falls es sich um eine rein demokratische Besprechung handelt, ist sie zu empfehlen.

Wenn Sie beabsichtigen, auf freundliche Weise die Führung der Gruppe zu gewinnen und zu behalten, wirkt die Tafelrunde ungünstig für Sie.

- Die *Bankett*-Ordnung verursacht einen Barrikaden-Effekt, vergleichbar mit dem des T-Trägers. Hier sitzen die frisch Vermählten und ihre vergnügten und gerührten Eltern. Auch bei einer jährlichen Betriebsfeier setzen sich hier der Superboss und seine direkten Mitarbeiter hin, die sich nicht allzu solidarisch mit der ,Meute' verbrüdern möchten.

- Bei Gruppen bis zu 12 Personen ist die *Hufeisen*-Ordnung in jeder Hinsicht die beste, vorausgesetzt dass an jeder der drei Seiten eine etwa gleiche Zahl von Anwesenden sitzt.

Man sagt mir gelegentlich: „Was soll's? Wir können die Tisch- und Sitzordnung gar nicht beeinflussen! Das Gespräch findet doch nicht in unserem Unternehmen oder Lokal statt. Es obliegt doch der Gruppe, sich um die Saaleinrichtung zu kümmern und dann sind wir machtlos ..."

Überlegen Sie doch einmal, ob das Gruppengespräch nicht dermaßen wichtig ist, dass Sie einen Raum in der näheren Gegend mieten und einrichten sollten, so dass Sie zu gleicher Zeit Gastgeber und Veranstalter der Präsentation sind.

- Die Hufeisen-Ordnung wirkt optimal, wenn Sie vor der Gruppe *stehen* und in die Gruppe *hineingehen*. Ein vor der Gruppe *sitzender* Redner verdient eine eingeschlafene Zuhörerschaft. Dies ist übrigens auch der wichtigste Grund, weshalb ich die Blättertafel als Hilfe mehr schätze als den Tageslichtprojektor. Die Blättertafel gibt uns einen ‚natürlichen' Anlass zum Stehenbleiben. *Wie* wir stehen und gehen wird in den folgenden Abschnitten dieses Kapitels behandelt.

7.2 Was tun wir vor der Gruppe mit unseren Händen?

Eine praktische Frage, die mir oft gestellt wird, bezieht sich auf unsere Hände. Fast jeder Gruppensprecher hat ‚Händeprobleme'. Wie halten wir sie und wie bewegen wir sie? Zusammen mit unserer Mimik sind sie ja die wichtigsten Ausdrucksmittel der Körpersprache. Ihre Zuhörer achten auf Ihre Gestik! Auch wenn man die Sprache Ihrer Hände und Arme nicht bewusst registriert, wird man doch durch Ihren Einsatz beeinflusst.

Einige Kollegen empfehlen, die *ruhigste* aller Haltungen anzustreben, wenn man vor einer Gruppe spricht. Die Arme entspannt herunterhängen lassen, wie in Abbildung 77 wiedergegeben, zeigt ein Höchstmaß an Ruhe und ermöglicht der Gruppe bestimmt, sich voll und ganz auf Ihre gesprochenen Worte und auf Ihre Stimme zu konzentrieren.

Es ist jedoch fraglich, ob Sie damit eine rhetorische Spitzenleistung vollbringen können.

– Die Befürworter dieser ‚statischen' Haltung vergessen, dass Sie selbst Ihr erstes und wichtigstes visuelles Hilfsmittel sind. Was sich bewegt, zieht die Aufmerksamkeit heran.

In und vor welchen Messe- und Ausstellungsständen finden wir die aufmerksamsten Besucher? Es sind die Stände, in denen sich etwas bewegt. Die ‚Friedhofsstände' werden viel weniger besucht.

Abb. 77: Die Salzsäule   Abb. 78: Das Feigenblatt   Abb. 79: Die Schranke

Für Ihre Präsentation vor einer Gruppe gilt dasselbe. Mit der *Salzsäule* der Abbildung 77 verzichten Sie auf die verstärkende Wirkung Ihrer Körpersprache. Für eine Grabrede wäre die Salzsäule vielleicht optimal, Ihr Gespräch ist aber hoffentlich das Gegenteil einer Grabrede! Es soll eher ein Wiederbelebungsvortrag sein!

 – Eine andere herkömmliche Haltung, von konservativen Trainern in alten Zeiten empfohlen, ist das in Abbildung 78 vorgeführte *Feigenblatt.* „Was hat dieser Mann eigentlich zu verbergen?", werden kritisch-spöttische Gesprächsteilnehmer ins Ohr des Nachbarn flüstern. Die Feigenblatthaltung wahrt vielleicht ‚Ruhe im Stall', verrät jedoch ein ängstliches Bedürfnis nach Selbstschutz. Wie beim Freistoß auf dem Fußballfeld, wenn die ‚Mauer' der Verteidiger ein direktes Tor verhindern sollte, und wenn es sich möglicherweise wirklich um ‚verletzte Männlichkeit' handelt.

– Die Haltung in Abbildung 79, die *Schranke*, kennen wir aus vorigen Kapiteln. Obwohl die Verschränkung der Arme vor der Brust nicht unbedingt auf eine Verbarrikadierung deutet[22], so führt sie meistens zum Kontaktverlust. Nur wenn die Gesprächsteilnehmer untereinander diskutieren und der Sprecher/Moderator möchte sich zurückhalten, macht er sich bewusst und betont zeitweilig zum Außenseiter, indem er die Schranke seiner Arme schließt.

– Die Rednerhaltung der Abbildung 80, mit beiden Händen auf dem Rücken, in der Unterschrift als *Hinterhalt* bezeichnet, mit den zwei Standbeinen leicht gespreizt und den Kopf gehoben, so dass man auf die Gesprächsteilnehmer herabschaut, ist die sicherste Methode, um sämtliche Sympathien der Zuhörerschaft zu verlieren. Es ist die selbstherrliche und machtbewusste Haltung des Gefängniswärters, während die Häftlinge auf dem Hof in der frischen Luft herumspazieren. Ein nach vorn geneigter Kopf und ein freundliches Lächeln verringern zwar den ‚Arroganzgehalt' dieser Körperhaltung, sie behält aber etwas Herablassendes. Sogar ein freundlich gemeintes Lächeln wirkt hier arrogant. Die Haltung hat nur *einen* Vorteil: Wenn man mit Händefummeln seine eventuelle Nervosität ‚abreagieren' möchte, wird dies von den Teilnehmern nicht wahrgenommen. Ansonsten lässt sich zu dieser Haltung nichts Gutes sagen.

Abb. 80: Der Hinter-
halt

Abb. 81: Taschenbillard

Abb. 82: Entspannte
Führung

– Ebensowenig begeistert bin ich von der Haltung in Abbildung 81, vom *Taschenbillard*. Absichtlich benutze ich dieses ‚anstößige‘ Wort. Die Haltung zeugt von wenig Respekt vor den Teilnehmern und wirkt plump und gleichgültig, in einigen Fällen verklemmt. Vielleicht basiert diese Haltung bei manchem Sprecher auf einer Überkompensation seines Minderwertigkeitsgefühls oder seiner inneren Verunsicherung, weil er sich von der Gruppe nicht akzeptiert fühlt. Ein besonderer Nachteil ist außerdem, dass die Hände noch passiver als in den schon behandelten Abbildungen eingesetzt werden. Um sie zu ‚aktivieren', müßte man sie zuerst mühsam und umständlich aus der Tiefe der Hosentaschen erlösen.

– Wie wir in Abbildung 82 sehen, ändert sich das Verhalten des Redners vor der Gruppe schon wesentlich, wenn er zwar *eine* Hand in der Hosentasche ruhen läßt, in der *anderen* Hand einen ‚Stab', d.h. einen Kugel- oder Filzschreiber hält.

Auch im Einzelgespräch am Schreibtisch des Kunden habe ich diese Aufgabenverteilung zwischen den Händen empfohlen: Eine Ruhehand und eine Arbeitshand können ausgezeichnet zusammenarbeiten. Durch die Beweglichkeit der Arbeitshand wird die Aufmerksamkeit der Anwesenden vom einhändigen ‚Taschenbillard' abgelenkt.

Mit dieser Arbeitshand können Sätze unterstrichen, Stichworte aufgeschrieben oder auf Transparenzfolie betont werden. Der ‚Taktstock' kann, wie im Gespräch am Schreibtisch[23], für das Zeigen auf einen Gesprächsteilnehmer benutzt werden.

„Sie stellen da eine *sehr* berechtigte Frage, Herr Kießling!", sagte der Kollege in unserer Abbildung 72. Noch dynamischer wirkt das Zusammenspiel der Arme bzw. der Hände in den Abbildungen 83 und 84.

Indem die linke Hand – bei Handlungsbedarf sofort abrufbar – in der Hüfte ruht, führt die ‚bewaffnete' Arbeitshand die Gesprächsregie. Die natürliche Autorität des Gesprächsleiters wird auf diese Art und Weise verstärkt. Beim Gang ins ‚Hufeisen' hinein, den ich im nächsten Abschnitt behandle, bleibt die Ruhehand entspannt in der Hüfte, die Arbeitshand hält den ‚Taktstock'.

– In Abbildung 84 befindet sich die Ruhehand in der Sakkotasche, nur der Daumen steckt draußen. In Ab-

129

Abb. 83: Dynamik eines Redners   *Abb. 84: Der gezeigte Daumen*

bildung 30 haben wir den Daumen als Instrument eines phallischen Imponiergehabes kennen gelernt. Es ist möglich, dass der Gruppenleiter auf diese Weise seine Überlegenheit verstärkt. Wie für jedes Imponiergehabe zutreffend, kann es jedoch auch zu feindseligen ‚Eruptionen‘ führen. Vorsicht ist also geboten.

*Abb. 85: Die Weibliche
Dynamik*

Weil Frauen meistens keine Hosen- oder Sakkotasche haben und
auch übrigens nicht dazu neigen, ihre Ruhehand auf typisch ‚männliche' (d.h. phallische) Weise zu positionieren, zeige ich in Abbildung 85 die Verkäuferin mit einer in der Hüfte gestützten Ruhehand, im Zusammenspiel mit der Arbeitshand, die einen Filzschreiber hält.

Für Frauen eine dynamische Haltung! Wir zeigen noch drei weitere
Abbildungen einer Verkäuferin vor der Gruppe. Sie zeigen uns die
Haltungen, die wir bei männlichen Kollegen beobachtet haben. Der
Effekt ist trotzdem etwas von dem der männlichen Äquivalente
unterschiedlich.

– Weil diese Sprecherin dabei freundlich lacht, wirkt eine
  Schranke, wie in Abbildung 86 gezeigt, bei ihr nicht so abweisend wie im Fall ihres männlichen Kollegen. Ein Vergleich mit Abbildung 79 lehrte uns jedoch, wie trotz des
  Lachens die innere Einstellung ist: Eine leichte Verunsicherung!

Abb. 86: Die weibliche ,Schranke'

Abb. 87: Evas ,Feigenblatt'

Abb. 88: Der weibliche ,Hinterhalt'

- Das *Feigenblatt* in Abbildung 87 macht aus Eva keinen Fußballhelden, sondern eine etwas prüde Gouvernante.

- Der weibliche *Hinterhalt* der Abbildung 88 bringt innere Hemmungen an die Oberfläche, obwohl diese durch eine ,männliche' Überlegenheitshaltung kaschiert werden sollen.

Diese Abbildungsreihe zeige ich, weil man sich als Sprecher und Sprecherin vor einer Gruppe nicht selbst beobachten kann, es sei denn, man hat im Training die Video-Aufnahmen seines ,Auftritts' sehen können.

Wenn ich den meisten Kolleginnen empfehle, sich vor ihren Präsentationen umzuziehen und von einem Rock auf eine lange Hose umzusteigen, dient dies auch der Einprägsamkeit ihres Auftritts! Weibliche Beine lenken die Aufmerksamkeit der männlichen Anwesenden vom Inhalt der Präsentation ab. *Wer* spricht und steht wird dann wichtiger, als *was* gesagt wird.

–   Für Mann und Frau trifft gleichermaßen zu, dass die Positionierung *beider* Hände in den Hüften etwas aggressiv Provokatives hat. Auch in der Körpersprache der Tiere

Abb. 89: Imponiergehabe:
Sich breit machen

Abb. 90: Imponiergehabe:
Sich breit machen

DIE MACHT DER KÖRPERSPRACHE

kennen wir dieses ‚Sichbreitmachen' als Imponierverhalten. Vögel tun es mit ihren Flügeln und Federn, Katzen mit aufgeplusterten Haaren und mit ihren Buckeln. Sogar die bestrafende Empfehlung: „Mach dich dünne!" weist auf dieses aufgeplusterte Breitmachen hin.

– Auch die Füße haben im Fall eines vor der Gruppe stehenden Sprechers und seiner Kollegin eine Signalfunktion. In den Abbildungen 91 und 92 bringen die Füße Verwirrung und Verunsicherung zum Ausdruck.

Abb. 91: Verwirrung, Ängstlichkeit   *Abb. 92: Starke Hemmungen*

In Abbildung 92 sehen wir auch, dass die Kombination einer Ruhehand in der Hüfte und eines schlaff herunterhängenden Armes das Gegenteil der Dynamik bringt, die wir in unserer Präsentation anstreben.

7.3 Sich vor der Gruppe und in die Gruppe hinein bewegen

Das Wort ‚Dynamik‘, das ich im vorigen Abschnitt wiederholt benutzte, ist vom Griechischen Wort ‚Dynamis‘ (= Kraft) abgeleitet. Dynamik ist auch die Lehre der Bewegungen, im Gegensatz zur Statik, die sich auf das unbeweglich Ruhende bezieht.

Wir benutzen das Wort ‚dynamisch‘ im übertragenen Sinne, wenn wir feststellen, dass das Verhalten einer Person von innerer Kraft und Bewegtheit[24] zeugt. Während einer dynamischen Präsentation bleiben Redner und Rednerin deswegen nicht ‚statisch‘ an ihrem Platz festgenagelt stehen, sie bewegen sich vor der Gruppe, oder – wenn die Tischordnung dies ermöglicht – auch innerhalb der Gruppe.

Dies bedeutet nicht, dass Sie sich ständig im Zuckeltrab bewegen. Die Bewegungen sollten ruhig bleiben. Das *Tigern* vor der Gruppe, so dass die Anwesenden pausenlos ihren Blick von links nach rechts und wieder zurück bewegen müssen, erweckt den Eindruck einer im Käfig eingekerkerten Raubkatze, macht die Zuschauer schwindlig oder sogar seekrank. Wegen dieser üblen Gefühle werden sie aggressiv!

Notiz: In den Anfangsjahren des Fernsehens wurde die Kamera für Tennisspiel-Reportagen beim Netz aufgestellt und schwenkte von links nach rechts. Das machte die Zuschauer vor dem Bildschirm auch ‚seekrank‘. Jetzt stehen die Kameras hinter den Spielern und es wird ‚hin‘- und ‚weggezoomt‘, wenn das Spiel dazu veranlasst.

Während Gesprächen vor Gruppen sollte man auf individuelle Teilnehmer zugehen und wieder von ihnen zurückweichen, genau wie es die moderne Kameraführung in Fernsehreportagen vorschreibt. Für eine optimale Präsentation steht der Verkäufer am offenen Ende des Hufeisens, in Abbildung 76 gezeigt.

Dort befindet sich seine ‚Heimbasis‘. Er bleibt da jedoch nicht reglos stehen, als ob der Zugang zum Kreis der Anwesenden durch ein ungesichertes Hochspannungskabel gesperrt ist. Noch weniger tigert er hin und her. Die richtig regissierte Dynamik umfasst folgende Stufen:

- Sie gehen freundlich auf einen individuellen Gesprächsteilnehmer zu, wenn dieser Ihnen eine Frage stellt oder eine Bemerkung macht.

- Ist die Frage oder die Bemerkung vollständig hervorgebracht, dann ziehen Sie sich wieder auf Ihre ‚Heimbasis‘ zurück. Sonst würden Sie riskieren, dass sich zwischen Ihnen und einem individuellen Teilnehmer ein Privatdialog entwickelt. Dadurch aber würden Sie das Desinteresse oder sogar die neidische Feindseligkeit bei anderen Gesprächsteilnehmern auslösen.

- Sie stellen zuerst durch eine Frage fest, ob diese Frage oder Bemerkung auch für die anderen Gesprächsteilnehmer wichtig ist. Dadurch betonen Sie, dass es sich nicht um ein Zwiegespräch ‚unter Ausschluss der Öffentlichkeit‘ handelt.

- Anschließend beantworten Sie die Frage und stellen durch eine Kontrollfrage fest, ob Ihre Antwort klar und richtig verstanden wurde.

7.4 Der sitzende Mensch und sein Stuhl

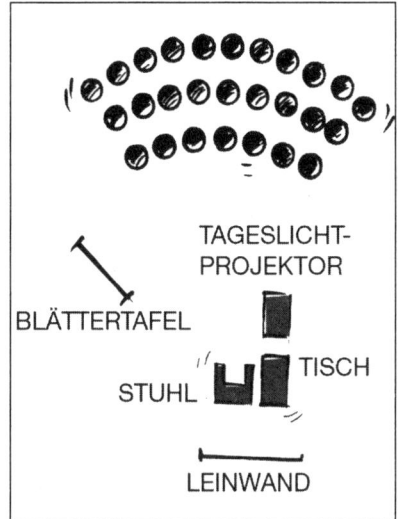

Abb. 93: Zuhörergruppe im offenen Kreis ohne Tische

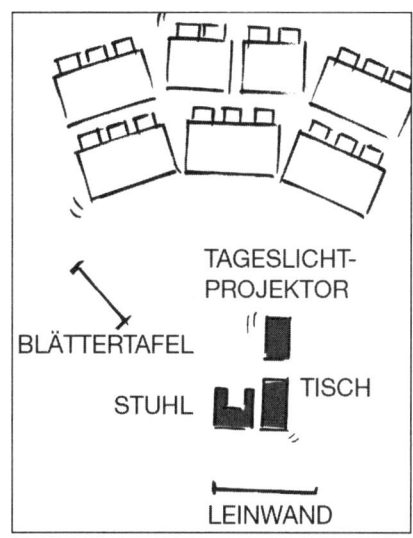

Abb. 94: Zuhörerkreis mit Tischen

In einer Verkaufspräsentation werden üblicherweise Tische benutzt, damit den Teilnehmern eine beruhigende Barrikade geboten wird oder um das Notizenmachen zu erleichtern.

Man sieht als Sprecher oder Sprecherin in diesen Fällen nur die Mimik der Teilnehmergesichter und die Gestik ihrer Hände. Es finden aber gelegentlich auch Präsentationen vor kleineren Gruppen statt, bei denen die Tische fehlen und wo man deswegen im ‚offenen‘ Kreis oder in ‚offenen‘ Reihen sitzt.

Auch die Besprechung, die in vielen Hinsichten ein firmeninternes ‚Verkaufsgespräch‘ darstellt, kennt im modernen Unternehmen diese ‚offene‘ Aufstellung. Deshalb zeige ich noch einige ‚viel sagende‘ Körperhaltungen in unten stehenden Abbildungen.

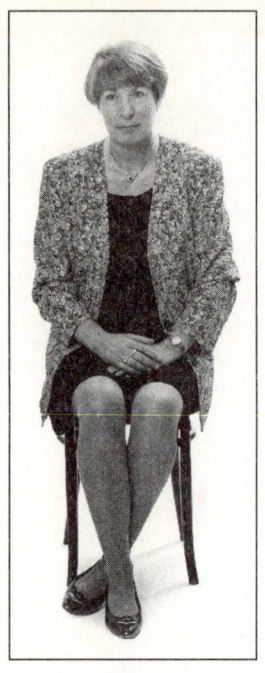  

Abb. 95: Die Dres-
sierte

Abb. 96: Die Ver-
krampfte

Abb. 97: Die Freimütige

- Das gehemmte ‚Pensionatsmädchen‘, die *Dressierte* unserer Abbildung 95, hört aufmerksam zu und wird wahrscheinlich auch gehorsam speichern, was von ihr erwartet wird. Sie ist in einer konventionelle ‚Knigge-Haltung‘ eingefroren. Hände im Schoß zusammengefaltet, Knie zusammengepresst, Füße übereinander gekreuzt. Sie ist bestimmt keine aktive Gesprächsteilnehmerin. Wenn man ihr eine direkte Frage stellt, könnte sie ihre Körperhaltung ändern und man wäre mit der Verkrampfung der Abbildung 96 konfrontiert.

- Diese *Verkrampfte* klammert sich an den Stuhl fest, dreht den Kopf schräg weg. Ihr Fuß klammert sich gegebenenfalls an die Wade des anderen Beines oder an das Stuhlbein fest. Weil Sie kein Psychiater, sondern Redner oder Rednerin sind, lassen Sie diese Dame vorzugsweise in Ruhe.

– Abbildung 97 zeigt uns die *Freimütige*, die sich bequem fühlt. Unerklärt blieb bis jetzt, weshalb das Sitzen auf dem eigenen Bein, auch in einem Armsessel oder auf einer Coach, für Frauen offensichtlich ein allgemeiner Ausdruck der Bequemlichkeit und des Wohlbehagens ist.

Abb. 98: Die Streitbare

Abb. 99: Die Gefallsüchtige

Abb. 100: Die Teilnahmslose

– In informellen Diskussionen dürfen Teilnehmerinnen sich den ‚Reitersitz' der Abbildung 98 erlauben. Als ‚Reiterin' oder ‚Reiter' braucht man vor dem ‚Fußvolk' keine Angst zu haben. Dieser Sitz erlaubt eine recht aktive und lustige – oder aber eine sehr aggressive – Diskussionsbeteiligung. Sie sehen, dass die Stuhllehne der Dame dabei den erforderlichen Schutz und die Sicherheit bietet. Etwas arrogant wirkt diese Dame, insbesondere vor männlichen Zuschauern.

- Dass wir die Dame in Abbildung 99 als die *Gefallsüchtige* oder die *Kokette* andeuten, braucht wohl keine Erklärung.

- Abbildung 100 bringt uns auf den in Abschnitt 4.5 behandelten NN-Winkel zurück. Die Dame macht nicht mehr mit und schaut sogar demonstrativ vom Sprecher/Moderator weg. Sie behandelt ihn als *Un*person. Absolutes Desinteresse oder absolute Aussichtslosigkeit der Diskussion.

Um den Eindruck zu vermeiden, als wäre ich nur an Gesprächsteilnehmer*innen* interessiert, zeige ich noch drei Positionen, die ich bei männlichen Gruppenteilnehmern registrierte.

Abb. 101: Der Gehemmte

Abb. 102: Der Aufgeschlossene

Abb. 103: Der Verschränkte

- Die Abbildung 101 zeigt uns einen gehemmten Gesprächsteilnehmer. Die Hände hält er verkrampft zusammen, die Knie werden dicht aneinander gehalten, die Schultern hängen herab.

Sitzt er bei dieser Haltung auch noch auf dem vorderen Stuhlrand, dann drückt dies sogar Angst aus.

- Der für Gespräch und Argumente offen stehende Diskussionsteilnehmer zeigt sich eher wie in Abbildung 102 dargestellt. Die Knie und Beine sind leicht gespreizt, die Handflächen werden nach oben gehalten.

- Ein Gesprächspartner hat nicht *nur* seine Arme zur Verfügung, wenn er die Schranke herunterlassen möchte. In Abbildung 103 sehen wir, wie sein Spielbein, quer über dem Standbein liegend, eine effektive Schranke ist. Dieser Zuhörer wird sich – wenn Sie ihn nicht durch eine Frage dazu bringen – nur selten äußern. Er schottet sich schweigend ab.

- Ein diskussionsbereiter und aktiver Teilnehmer, der aber nichts oder wenig glaubt von dem, was der Verkäufer oder Präsentator ihm aufquatschen möchte, verhält sich wie in Abbildung 104.

Abb. 104: Der Ungläubige

Beine weit gespreizt, zwei Hände angriffslustig in Bereitschaftsstellung, den Kopf nach vorn gesteckt: Alles in allem deutliche Signale einer ausgesprochenen Opposition.

Die Bedeutung dieser Abbildungen liegt darin, dass Ihre Gesprächspartner die entsprechenden Körperhaltungen meistens schon einnehmen und ihre Gestik zeigen, *bevor* sie sich lautsprachlich äußern. Als Verkäufer, Referent oder Moderator nutzen Sie diese Körpersignale deswegen bitte als Frühwarnsystem.

Die ,offene' Ordnung einer Gesprächsrunde ohne Tischbarrikaden, ermöglicht Ihnen einen Blick auf die ganzheitliche Körpersprache. Wie schon an anderer Stelle in diesem Buch festgestellt: Die Beine und Füße sind weiter von der steuernden Gehirnzentrale entfernt als Gesicht und Hände. Deswegen sagen sie oft mehr über die unbewussten Reaktionen aus als die Mimik und Gestik.

Diese können von der Zentrale aus leichter ,manipuliert' und ,regissiert' werden.

7.5 Ein körpersprachlicher Gag zum Schluss

Es sollte am Ende dieses Buches noch einmal gesagt werden: Einzelne Vokale und Konsonanten, sogar vereinzelte Worte, haben in der Lautsprache fast *nie* eine klar verständliche Bedeutung. Zur Deutung brauchen Sie den Kontext eines Satzes und einer Situation. Dies trifft auch für die Körpersprache zu. Eine isolierte Geste oder Körperhaltung lässt sich nur schwierig auf zuverlässige Weise deuten. Sie braucht den Zusammenhang mit anderen körpersprachlichen Elementen.

Körpersignale sind nicht eindeutig: Dasselbe trifft sogar für das Gedanken- und Gefühlsleben zu. Es ist auch möglich, dass im Menschen ,zwei Seelen in einer Brust' wetteifern. Liebe und Hass, vom alten Sigmund Freund als ,Gefühlsambivalenz' bezeichnet, oder Widerwille und Neugierde ringen um die Vorfahrt.

Als ‚Beweis' dieser Gefühlsambivalenz beende ich meine Bilderreihe mit einem am Lesetisch in seine Lektüre vertieften Menschenpaar.

Abb. 105: Gleichgültigkeit oder Zuneigung?

Decken Sie die untere Hälfte der Abbildung 105 bitte mit der Hand ab, dann kommen Sie zur Schlussfolgerung, dass jeder dieser Eheleute sich mit der eigenen Literatur befasst und dass sie sich gegenseitig vollkommen ‚kalt' lassen.

Doch dieser Schein täuscht, weil sie körpersprachlich ‚heucheln'. Wenn Sie mit der Hand abdecken, was sich ‚oberflächlich' abspielt und nur die Beziehung der beiden *unter* der Tischplatte beobachten,

DIE MACHT DER KÖRPERSPRACHE

dann stellen Sie fest, dass diese liebenden Eheleute sich *sehr* intensiv miteinander beschäftigen. Knieknutschen oder Füßeknutschen auf tieferer Seelenebene.

Fazit: Schauen Sie auch bei der Deutung der Körpersprache etwas tiefer als die Tischplatte.

8. KÖRPERSIGNALE, VOM SCHEITEL BIS ZUR SOHLE

A. HALTUNGEN UND BEWEGUNGEN IM SITZEN

Positionierung

Die Sitzordnung am Einzeltisch:

Direkt gegenüber:	Kühle Sachlichkeit
Diagonal gegenüber:	Gleichgültigkeit
Übereck:	Zusammenarbeit, Kollegialität
Nebeneinander:	Freundschaft, Verbundenheit

Die Sitzordnung am Gruppentisch:

Gegenüber der Gruppe:	Feindseligkeit
Am Kopf des Tisches:	Autorität

Die Sitzordnung in einem Hörsaal:

In der Mitte einer Reihe:	Einsamkeitswunsch, Arroganz
Etwas zur Seite von der Mitte:	Kontaktfreundlichkeit
Am Ende einer Reihe:	Reserve, Kontaktfeindlichkeit
Auf der ersten Reihe:	Selbstbewusstsein, Eitelkeit
Hinten im Raum:	Reserve, Fluchtbereitschaft
Seitlich im Raum:	Kritische Einstellung

Der Kopf

Die Kopfhaltung:

Rückwärts gehoben, herabschauend:	Geringschätzung, Feindseligkeit
Ebenso, auf Decke schauend:	Abwesenheit, Gleichgültigkeit
Kopf vorgeschoben:	Angriffslust

Kopf seitwärts geneigt:	Aufmerksamkeit
Vorwärts gebeugt, auf Boden schauend:	Verlegenheit, Ängstlichkeit
Beide Hände hinter dem Kopf [Mann]:	Selbstzufriedenheit
Ebenso [Frau]:	Flirt-Aufforderung

Die Frisur:

Hand durch Kopfhaare wühlend [Mann]:	Verwirrung, Verzweiflung
Hand streichelt eigene Frisur [Frau]:	Selbstgefälligkeit
Hand wickelt eine Locke auf und ab [Frau]:	Zweifel, Nachdenken

Die Stirn:

Senkrechte Falten beim Aufwärtsblick:	Tiefes Nachdenken
Senkrechte Falten beim Augenkontakt:	Zweifel
Senkrechte Falten beim Abwärtsblick:	Missvergnügen, Zweifel, Neid
Waagerechte Falten, Mund geschlossen:	Verwunderung
Ebenso, Mund geöffnet:	Schrecken
Hand streichelt die Stirn:	Ermüdung
Schlag auf die Stirn:	Plötzlicher Einfall

Die Augen:

Weite Pupillen:	Freude
Enge Pupillen:	Abneigung
Weit geöffnet:	Erstaunen und Schrecken
Zugekniffen:	Vorbereitung zum Angriff
Ein sehr kurzer Blick:	Missachtung, Desinteresse
Ein sehr langer Blick:	Geringschätzung oder Abtaxieren
Ein starrer Blick:	Feindseligkeit
Augenzwinkern:	Vertraulichkeit

Über die ganze Person wandernder Blick:	Abtaxieren
Kurzer Blick, dann abwandernd:	Geringschätzung
Vermeidung des Augenkontaktes [Mann]:	Ablehnung des Gespräches
Vermeidung des Augenkontaktes [Frau]:	Selbstschutz, Verunsicherung
Blick zur Decke wandernd:	Abwesenheit, Aufbruchwunsch
Blick zur Tür wandernd:	Ungeduld, Wunsch zum Aufbruch
Ein über den Tisch wandernder Blick:	Besitzanspruch
Ein auf Ihre Lippen konzentrierter Blick:	Aufmerksamkeit
Ein auf den Boden konzentrierter Blick:	Nachdenklichkeit
Blick abwärts zur Seite:	Unaufrichtigkeit
Über Brille schauen:	Erstaunen, Misstrauen
Lider halbgeschlossen mit Augenkontakt:	Feindseligkeit, Aggression
Lider halbgeschlossen ohne Augenkontakt:	Nachdenklichkeit

Die Ohren:

Mit Zeigefinger auf das Ohr weisen:	Aufmerksamkeit, Interesse
An dem Ohr ziehen:	Ums Wort bitten
Hinter den Ohren kratzen:	Erstaunen, Nachdenken

Die Nase:

Naserümpfen:	Ablehnung
Anfassen der Nasenspitze:	Verlegenheit
Anfassen der Nasenwurzel:	Verwirrung
Anfassen der ganzen Nase:	Wut
Streicheln des Nasenflügels:	Verunsicherung
Reiben des Nasenrückens:	Nachdenklichkeit, Neugierde

Die Wangen:

Über Wange kratzen:	Einen Vorwand suchen
Zeigefinger an Wange zum Ohr weisend:	Aufmerksamkeit, Interesse

Der Mund:

Zungeschnalzen:	Bewunderung
Unterlippe zwischen Zähne gezogen:	Verlegenheit, Unterlegenheit
Lippen völlig zurückgezogen:	Reserviertheit, Distanz
Finger über Oberlippe streichelnd:	Sich eine Tücke überlegen
Mund bedeckt während des Sprechens:	Die Wahrheit verschweigen
Hand schlägt plötzlich auf den Mund:	Bedauern, etwas gesagt zu haben
Am Mund herumfummeln:	Verunsicherung

Das Kinn:

Streicheln des Kinns:	Nachdenken, Grübeln
Kinn auf Fingerknöchel:	Aufmerksames Zuhören

Arme und Hände

Die Arme:

Vor der Brust verschränkt, im Sitzen und im Stehen unterschiedliche Bedeutungen:

– Hände greifen Unterarme:	Wachsamkeit
– Hände legen sich locker auf Oberarme:	Entspannung, abwartend
– Beide Hände unter Oberarme verborgen:	Geringschätzung
– Hände greifen die Ellbogen:	Zweifel, Zögern
– Eine Hand unter Oberarm verborgen:	Teilnahmslosigkeit
– Hände in Oberarmen verkrallt:	Zurückhaltung, Angst
– Hände in Achselhöhlen:	Angst, Abscheu

148

Die Hände:

Leicht gehobene Hand:	Ums Wort bitten
Fingerspitzen aneinander:	Leichte Arroganz, Rechthaberei
Auf der Brust gekreuzt:	Inaktivität, Abwarten
Hände in den Nacken legen:	Angriffsvorbereitung
Schnelles Händereiben:	Spaß, Vorfreude
Langsames Händereiben:	Nachdenklichkeit, Verlegenheit
Hände zusammen auf dem Schreibtisch:	Revieranspruch
Hände umklammern Schreibtischkante:	Feindseliger Besitzanspruch,
Hände in ‚Igelstellung' gefaltet:	Widerspenstigkeit, Unwille
Gehobener Zeigefinger:	Belehrung, Bestrafung
Auf Gesprächspartner zeigender Finger:	Angriff, Anschuldigung
Handfläche zum Gesprächspartner:	Ablehnung, Verneinung
Einmalige Scherenbewegung:	Ablehnung, Verweigerung
Pausenlos wiederholte Scheren- bewegung:	Nervosität, innere Span- nung
Einmaliger Faustschlag:	Wut, Aggression
Pumpende Faustbewegung:	Machtlosigkeit, Unaufrichtigkeit
Einmalige Hackmesser-Bewegung:	Wunsch, Diskussion zu be- enden
Wiederholte Hackmesser-Bewegung:	Machtlose Wut
Auf Finger beißen:	Verlegenheit *oder* Konzen- tration
Knetende Hände:	Tatendrang, Freude
Händedruck weich:	Kraftlosigkeit, Rücksicht
Händedruck stark:	Entschiedenheit, Schutzbedürfnis
Beim Händedruck Handrücken oben:	Überheblichkeit, Aneignung
Beim Händedruck Handrücken unten:	Unterlegenheit, Betteln

Beim Händedruck Hand vertikal:	Partnerschaft, Ebenbürtigkeit
Beidhändiger Händedruck:	Herzlichkeit, Besitzanspruch
Demonstrativ gehobener Daumen [Mann]:	Imponiergehabe

Bewegungen & Beschäftigungen:

Bewegungen nach oben:	Freude, Aufstrebendes
Bewegungen nach unten:	Missmut, Niedergeschlagenheit
Schritt rückwärts:	Fluchtversuch, Abneigung
Schritt vorwärts:	Zuneigung *oder* Angriff
Kurze, schnelle Bewegungen:	Unruhe, Verunsicherung
Langsame Bewegungen:	Innere Sicherheit
Streicheln des eigenen Körpers:	Abwesenheit, Einsamkeit
Kleidung zuknöpfen:	Distanzbedürfnis
An Kleidung putzen und streichen:	Gefallsucht *oder* Kündigung des Dialogs
Ordnen der Kleidung:	Absperrung vor Argumenten
Spielen an Knöpfen:	Selbstdarstellung
Spielen an der Halskette [Frau]:	Verlegenheit, Befreiungswunsch
Spielen am Ring:	Befreiungswunsch
Ablegen der Brille:	Angriffs-Vorbereitung
Brille ablegen und wieder aufsetzen:	Unentschiedenheit, Nervosität
An der Brille kauen:	Eingehaltene Wut
Berühren von Gegenständen:	Neugierde *oder* Besitztrieb
Spielen mit Gegenständen:	Selbstgefälligkeit
Plötzlich Unterlagen in die Hand nehmen:	Zu einer Entscheidung kommen

Langsames Ascheabstreifen bei Rauchern:	Vorbereitung [Frage/Einwand]
Schnelles Ascheabstreifen bei Rauchern:	Erregung, Wut
Sinnlose Tätigkeiten:	Kündigung des Dialogs
Herumkritzeln:	Abwesenheit, Teilnahmslosigkeit

Rumpf und Gesäss

Allgemeine Haltungen:

Rumpf nach hinten gebeugt:	Abwarten, Entspannung
Rumpf nach vorn gebeugt:	Interesse, Wachsamkeit, Aggressivität
Aufrichtung des Oberkörpers:	Eitelkeit
NN-Winkel auf Gesprächspartner:	Aktive Gesprächsbeteiligung
NN-Winkel vom Partner abdrehend:	Kontaktkündigung, Ablehnung
Gesicht dreht sich ab, Rumpf nicht:	Desinteresse, Teilnahmslosigkeit
Auf vorderer Stuhlkante sitzend:	Angst, Missbehagen, Unsicherheit
Stuhlfläche/Rückenlehne ganz besetzend:	Bequemlichkeit, Entspannung
Stuhlfläche halbbesetzt:	Gemütlichkeit, Entgegenkommen
Verkehrt sitzen (Reitersitz):	Überheblichkeit, Sportlichkeit
Straffung des Körpers:	Aktionsvorbereitung

151

Beine und Füsse

Die Beine:

Knie zusammengepresst:	Abweisung, Abschottung
Knie leicht gespreizt:	Entgegenkommen
Knie breit gespreizt:[Mann]	Gleichgültigkeit, Arroganz
Knie breit gespreizt:[Frau]	Bitte um Zuneigung, Verfügbarkeit
Oberes Bein quer über unterem Bein:	Absperrung, Unzugänglichkeit

Die Füße:

Füße auf Schreibtisch [Mann]	Arroganter Revieranspruch
Füße auf Seitenlehne einer Coach [Mann]:	Arroganter Revieranspruch
Füße hinter Stuhlbeine geklammert:	Große Verunsicherung
Füße übereinander gekreuzt:	Vorsicht, Behutsamkeit
Wippender Fuß [Mann]:	Ärger, Ungeduld
Wippender Fuß [Frau]:	Herausforderung, Flirt

B. HALTUNGEN UND BEWEGUNGEN IM STEHEN UND GEHEN

Kopf & Rumpf:

Kopf zurückgebeugt:	Arroganz, Machtwille
Kopf nach vorn gebeugt:	Unterwürfigkeit, Unsicherheit
Kopf zur Seite geneigt:	Aufmerksamkeit
Hin- und hertigern:	Unruhe, machtloser Tatendrang
Vorwärtsgehen und zurückweichen:	Aktiver Spieltrieb
Ein plötzliches Aufspringen:	Überraschung *oder* Ungeduld

Arme & Hände:

Hände vor der Schamzone:	Verschlossenheit & Sicherheitsbedürfnis
Hände auf dem Rücken:	Arroganz *oder* Unaufrichtigkeit
Hände in den Hüften:	Selbstsicherheit, Energie, Trotz
Beide Hände in Hosentaschen versteckt:	Verschlossenheit, Geringschätzung
Eine Hand in Hosentasche, Spielhand frei:	Entspannung, Dynamik
Beide Hände in Sakkotasche:	Selbstsicherheit, Gefallsucht
Eine Hand in Sakkotasche, Spielhand frei:	Autorität, Dynamik
Hände am Rednerpult festgeklammert:	Lampenfieber, Unsicherheit
Am Ärmel des Gesprächspartners zupfen:	Das Wort ergreifen wollen
Unterarm des Gesprächspartners leicht berühren:	Um Einverständnis bitten

Beine & Füße:

Beine geschlossen:	Ruhe, Entspannung
Beine leicht gespreizt, Knie rückwärts:	Bosheit, Machtlosigkeit
Beine weit gespreizt:[Mann]	Arroganz, Protzerei
Beine weit gespreizt:[Frau]	Aggressivität
Festes Standbein, lockeres Spielbein:	Zuversicht, Flexibilität
Füße übereinander:	Verunsicherung
Auf den Füßen wippen:[Mann]	Herrschsucht, Ungeduld

153

Anmerkungen:

Weil viele Haltungen und Bewegungen mehr als nur eine Bedeutung haben können, sollte man die unterschiedlichen Elemente dieses Nachschlagewerkes kombinieren und jede einzelne Deutung nicht allzu starr auffassen. Es sollte weiter klar sein, dass kein einziges Nachschlagewerk *alle* möglichen Haltungen, Bewegungen und Beschäftigungen umfassen kann.

1 Es könnte aber auch in Cro Magnon in Südfrankreich gewesen sein.

2 Laut Untersuchungen der Bochumer Universität.

3 Es handelte sich um ‚libertine‘ Frauen- und Mädchengruppen, die auf offener Straße Männer jagten, diesen Männern ihre Kleidung auszogen und sie ‚vergewaltigten‘. Diese kollektive weibliche Protestrage hat jedoch nicht lange gedauert.

4 Vera Birkenbihl berichtete über diese Erfahrung.

5 Archetypen sind laut *C. G. Jung* ererbte, im kollektiven Unterbewusstsein gespeicherte urtümliche Bilder, die Gestaltungen menschlicher Grunderfahrungen sind.

6 Kongruenz = Völlige Übereinstimmung in allen Punkten.

7 Konzentrisch sind Kreise, wenn sie einen gemeinsamen Mittelpunkt haben.

8 „Die erste Reihe auf drei Fuß plus Spuckweite...“

9 Jan L. Wage: „Psychologie & Technik des Verkaufsgesprächs“, Verlag MI, Landsberg/L., 1994.

10 Dieser Vergleich ist nicht frauenfeindlich gemeint, obwohl Frauen selten mit Hosenträgern ausgerüstet sind. Für sie lässt sich sicherlich ein anderer Vergleich finden.

11 Der Begriff ‚Mimik‘ bezieht sich in diesem Buch auf den Gesichtsausdruck, die ‚Gestik‘ im engeren Sinne bezieht sich auf Positionierung und Bewegung der Arme und Hände.

[12] Wir wollen nicht unsere Meinung verhehlen, dass es den NLP-Propheten ausgezeichnet gelungen ist, ganz einfache und gut brauchbare Begriffe der herkömmlichen Verkaufstechnik mit schwierig verständlichen und somit ‚wissenschaftlich' getarnten therapeutischen Etiketten zu überkleben.

[13] Richter 16, Vs.17.

[14] Narzissmus ist eine krankhafte Selbstliebe und Ichbezogenheit

[15] Soweit uns bekannt, wurde er von unserer Kollegin *Vera F. Birkenbihl* in Europa eingeführt.

[16] Vom lateinischen „Fluidum" = Von einer Sache ausgehende Wirkung oder Ausstrahlung, die eine besondere (geistige) Atmosphäre schafft.

[17] In der Medizin spricht man von ‚Instrumentierung', wenn man einem operierenden Arzt die chirurgischen Instrumente zureicht.

[18] Marianne LaFrance

[19] Dass man diese körpersprachliche Technik nicht im Wochenrhythmus bei ein und demselben Kunden einsetzen kann, ist klar. Dies ist kein Grund für Arentz, sie in allen Fällen zu verwerfen, in denen sie anwendbar ist.

[20] Dass von einem ‚Stab' eine disziplinierende Wirkung ausgeht, weiß jeder Konzertsaalbesucher! Wozu würde mancher Dirigent sonst einen Taktstock benutzen, wenn er die Leistung auch mit nackter Hand vollbringen könnte?

[21] Weshalb sollten wir nicht das gute deutsche Wort benutzen, anstatt unsere deutschsprachige Veranstaltung mit einem angelsächsischen *Overhead Projector* zu verunzieren?

[22] Sehen Sie Abbildung 27.

[23] Sehen Sie dazu Abbildung 72

[24] Oder ‚Gerührtheit'. Aber bezieht sich das Wort ‚Rühren' nicht auch auf eine Bewegung?

ABBILDUNGSVERZEICHNIS

[F = Foto, Z = Zeichnung]

ABBILDUNGSVERZEICHNIS

ABBILDUNGSVERZEICHNIS

10. LITERATURVERZEICHNIS

Amon, Ingrid: *Die Macht der Stimme*, Ueberreuter, Wien/Frankfurt, 2000

Ardrey, R.: *The territorial imperative*, Atheneum, New York, 1966

Argyle, K.: *Bodily communication*, Methuen, London, 1975

Bagley, D. & Reese D.: *Beyond selling*, Cupertino, New York, 1987

Bandler, R. & Grinder, J.: *Frogs into Princes*, Real People, Moab UT, 1979

Bandler, R. & Grinder, J.: *Therapy in trance*, Klett-Cotta, Stuttgart, 1984

Barnard, C.: *The body machine*, Hamlyn, London, 1981

Berne, Ernest: *Games people play*, Penguin, London, 1975

Bierbaum, G. c.s.: *Happy selling*, Junfermann, Paderborn, 1990

Birdwhistle, R.L.: *Kinesics and context*, Alan Lane, London, 1971

Birkenbihl, Vera F.: *Signale des Körpers*, Mod. Verl.Ges, München, 1986

Bodmer, F.: *The loom of language*, Alan & Unwin, London, 1980

Bonnafont, C.: *Die Botschaft der Körpersprache*, Ariston, Genève, 1979

Buttkus, Rudolf: *Physiognomik zur ...Menschenkenntnis*, Ernst Reinhardt, München, 1970

Cerwinka, Gabriele & Schranz, Gabriele: *Die Macht des ersten Eindrucks*, Ueberreuter, Wien/Frankfurt, 1998

Cerwinka, Gabriele & Schranz, Gabriele.: *Die Macht der versteckten Signale*, Ueberreuter, Wien/Frankfurt, 1999

Cherry, C.: *On human communication*, Science Editions, New York, 1961

Coates, Jennifer: *Women, Men and language,* Longman, London, 1986

Conen, Horst: *Die Kunst, mit Menschen umzugehen,* DuMont, Köln, 1997

Collett, P.: *Foreign bodies,* Simon & Schuster, London, 1993

Critchley, M.: *Silent language,* Butterworth, London, 1957

Darwin, Charles: *The expression of emotions by animals.* Methuen, London, 1872

Deelen, Marjan: *NLP für VerkäuferInnen,* Signum, Wien, 1996

Eibl-Eibesfeldt, Irenäus: *Die Biologie des menschlichen Verhaltens,* Piper, München, 1985

Eisler-Mertz, Ch.: *Die Sprache der Hände,* Mod.Verl.Ges., Landsberg/L., 1997

Enet, D.: *Vendre aux pays arabes,* Entreprise Moderne, Paris, 1978

Facchini, F.: *Le origini dell'uomo,* Jaca Books Milano, 1990

Fast, Julius: *The incompatibility of men and women,* Evans, New York, 1977

Fast, Julius: *Body language,* Evans, New York, 1979

Fisher, J.: *Body magic,* Hodder & Stoughton, London,1979

Freud, Sigmund: *Einführung in die Psychoanalyse,* Fischer, Frankfurt, 1977

Freud, Sigmund: *Zur Psychopathologie des Alltagslebens,* Fischer, Frankfurt, 1977

Goffmann, I.: *Interaction ritual,* Alan Lane, London, 1972

Hall, E.T.: *The silent language,* Doubleday, Garden City NY, 1959

Hobson, J.L.: *Silent signals,* Morrow, New York, 1981

Holzheu, Harry: *Wer nicht lächeln kann, macht kein Geschäft,* Ueberreuter, Wien, 1998

Jung, Carl Gustav: *Der Mensch und seine Symbole,* Walter, Freiburg/Olten, 1988

Kiener, Franz: *Hand, Gebärde und Charakter,* Reinhardt, München, 1962

Klages, Ludwig: *Handschrift und Charakter,* Springer, Berlin, 1976

Koechlin, Dorothée & Lecomte, Jacque: *Comment parler avec les Animaux,* Pauvert, Paris, 1980

Kretschmer, Ernst: *Körperbau und Charakter,* Springer, Berlin, 1977

Leonhard, K.: *Der menschliche Ausdruck,* VEB, Leipzig, 1976

Lersch, Philipp: *Gesicht und Seele,* Reinhardt, München, 1971

Luri, A.: *The language of the clothes,* Random House, New York, 1981

Lüscher, Max: *Signale der Persönlichkeit,* Rohwolt, Reinbek, 1971

Lyle, J.: *Body language,* Hamlin, London, 1990

Mehrabian, Albert: *Silent messages,* Wadsworth, Belmont CA, 1971

Molcho, Samy: *Körpersprache,* Mosaik, München, 1986

Molcho, Samy: *Partnerschaft und Körpersprache,* Goldmann, München, 2001

Morris, Desmond: *Bodywatching,* Jonathan Cape, London, 1985

Morris, Desmond: *Cat lore,* Jonathan Cape, London, 1987

Nierenberg, Gerhard I.: *Wer sieht kann erkennen,* Scherz, Bern, 1972

Pease, Allan: *Body language,* Sheldon, London, 1981

Rattner, Josef: *Der schwierige Mitmensch,* Fischer, Frankfurt, 1990

Rebel, Günther: *Was wir ohne Worte sagen,* BLV München, 1986

Rebel, Günther: *Mehr Ausstrahlung durch Körpersprache,* Gräfe & Unzer, München, 1997

Reineke, W.: *Signale im Gespräch,* Sauer, Heidelberg, 1983

Restak, R.M.: *The brain,* Bantam, New York, 1988

Reutler, Bernd H: *Körpersprache im Bild,* Weltbild, Augsburg, 1993

Russell, P.: *The brain book,* Hawthorn, New York, 1979

Saltus, C.: *Bodyscopes,* Bantam, New York, 1986

Sapir, E.A.: *Language,* Harcourt & Brace, New York, 1921

Scheflen, A.F.: *Body language and the social order,* Prentice Hall, Englewood Cliffs, 1978

Schulz von Thun, F.: *Mit einander reden: Störungen und Erklärungen,* Rowohlt, Reinbek, 1985

Schwertfeger, Bärbel: *Macht ohne Worte,* Heyne, München, 1988

Schwertfeger, Bärbel & Lewandowski, N.: *Die Körpersprache der Bosse,* Econ, Düsseldorf, 1990

Sommer, R.: *Personal space,* Prentice Hall, New York

Spillane, M.: *Presenting yourself: A Guide for Women,* Piatkus, London, 1993

Spillane, M.: *Presenting yourself: A Guide for Men,* Piatkus, London, 1993

Stangl, A.: *Die Sprache des Körpers,* Econ, Düsseldorf, 1977

Strehle, Hermann: *Mienen, Gesten und Gebärden,* Reinhardt, München, 1974

Tannen, Deborah: *You just don't understand,* Ballantine, New York, 1990

Thiel, E.: *Die Körpersprache verrät mehr als 1000 Worte,* Ariston, Genève, 1986

Vester, Frederic: *Denken, Lernen, Vergessen,* Taschenbuch, München, 1978

Wage Jan L.: *Pack den Auftrag!,* Signum, Wien, 1998

Wage, Jan L.: *Verkaufsverhandlungen,* Signum, Wien, 1996

Walker, R.: *Body language,* Routledge & Kegan Paul , London, 1967

Watzlawick, P.: *Pragmatics of human communication,* Norton, New York, 1967

Wex, M.: *Weibliche und männliche Körpersprache,* Marianne Wex, Hamburg, 1979

LITERATURVERZEICHNIS

Wirth, Bernhard P.: *Menschenkenntnis, Charakterkunde, Körperspra-che,* Mod Verl.Ges., Landshut/L., 2000

Whiteside, R.I.: *Face language,* Fell, New York, 1988

Young, Lailan: *Secrets of the Face,* Hodder & Stoughton, London, 1983

Zielke, W.: *Sprechen ohne Worte,* Mod.Verl.Ges., München, 1982

DIE MACHT DER KÖRPERSPRACHE

Der Bauch denkt mit!

Geht es Ihnen auch so? In bestimmten Momenten ist es einfach das Beste, sich "aus dem Bauch heraus" zu entscheiden. Was lange Zeit im Geschäftsleben als unzulässig galt, ist in jüngster Zeit wissenschaftlich untermauert worden. Das Bauchgefühl als Entscheidungsfaktor spielt eine größere Rolle als bisher angenommen! Vieles nehmen wir über unsere Sinne wahr, ohne es gedanklich fassen zu können – wie beispielsweise die Auto-Marketingexperten wissen, die ein neues Modell mit einem edlen Ledergeruch ausstatten. Lassen Sie sich überraschen, auf wie vielfältige Weise Sie diese Erkenntnis beruflich und privat nutzen und wie Sie Ihre innere Stimme trainieren können!

208 Seiten
Format 14,5 x 21
Paperback
ISBN 3-8323-0859-8
€ 15,90

Dr. Jacqueline Rieger ist selbstständige Beraterin und Trainerin mit dem Schwerpunkt kreatives Management und Marketing sowie Autorin des Buches *„Der Spaßfaktor"* (Gabal).

REDLINE WIRTSCHAFT
bei ueberreuter

Die Due Diligence der Unternehmenskultur

Weshalb sehen Fusionen in der Theorie immer anders aus als sie in Wirklichkeit verlaufen? Weshalb verlassen dabei die besten Mitarbeiter oft das Unternehmen? Die Antwort liegt in der Unternehmenskultur, besser gesagt in der Tiefenstruktur der Entscheidungs-, Kommunikations- und Handlungsmuster einer Organisation. Bisher war Unternehmenskultur nicht greifbar. Mit dem Social-Rating-Modell können unterschiedliche Stufen der sozialen Kompetenz dargestellt und die Veränderungsfähigkeit und -geschwindigkeit von Organisationen bewertet werden. Der Wert einer Organisation für Investoren, Management, Mitarbeiter etc. wird somit langfristig von ihrem fünften Faktor, dem sozialen Kapital bestimmt.

224 Seiten
Format 14,5 x 21, Paperback
ISBN 3-8323-0876-8
ca. € 32,–

Dr. Manfred della Schiava ist Gesellschafter des MdS Network Unternehmens, das sich auf Wissensmanagement spezialisiert hat. Er war in führenden Managementfunktionen internationaler Unternehmen tätig und hat bereits mehrere Bücher veröffentlicht.

Otto Knapp ist Leiter des Bereiches Personal, Organisation und Informationssysteme bei AGIP Austria. Zuvor war er im Bereich Finanzierung und Leasing von Computeranlagen bei IBM tätig.

Andreas Hailand ist Wirtschaftsinformatiker und Projektmanager für Softwareentwicklung, Qualitätskontrolle und Organisationsanalyse. Zuletzt war er im IT-Management der AGIP Europa Organisation.

REDLINE WIRTSCHAFT
bei ueberreuter